Peter Jeffery

WAS DU ÜBER DAS HEIL WISSEN MUSST

Einführung in die biblischen Glaubensgrundlagen

Christlicher Verlag
Voice of Hope

1. Auflage 2017

Eckenhagener Str. 43
51580 Reichshof-Mittelagger
www.voiceofhope-shop.de

Übersetzung: Brigitte Meli
Überarbeitete Neuauflage 2017 von Voice of Hope
Cover & Satz: Voice of Hope

Originaltitel: »What you need to know about salvation«

Bestell-Nr. 875.400
ISBN 987-3-947102-00-6

Früher erschienen unter dem Titel »Dem Glauben auf der Spur«.
Alle Bibelstellen sind gemäß der Schlachter-Bibel 2000 verwendet

Mit freundlicher Unterstützung von
"Freunde von Heidelberg & Dortrecht"
www.svvhed.org

STICHTING VRIENDEN VAN
HEIDELBERG & DORDRECHT

INHALT

Die Erlösung nach Gottes Heilsplan

EINLEITUNG

Christen glauben an Gott. Doch was glauben sie genau?

Sie wissen wenig über den christlichen Glauben, stehen ihm aber interessiert und aufgeschlossen gegenüber? Dann ist dieses Buch gerade für Sie, denn es enthält die biblischen Grundlagen des christlichen Glaubens.

Menschen sagen oft: „Ich weiß, ich bin ein Sünder. Ich weiß, Jesus ist der einzige Erretter und ich habe Ihn gebeten, mich zu erretten, aber nichts ist passiert." Der Grund dafür kann ein falsches Verständnis von dem Wesen der Errettung sein. Damit meine ich, dass ihnen das Verständnis dafür fehlt, weshalb Gottes rettendes Eingreifen so notwendig ist, und was die Erlösung von unseren Sünden beinhaltet.

Wir haben alle unsere eigene Meinung über Politik, Musik und tausend andere Dinge; aber menschliche Meinungen über Gott sind wertlos. Bei diesem Thema brauchen wir die ganze Wahrheit. Woher können wir solch eine unfehlbare Wahrheit bekommen? Die einzige Quelle der Wahrheit über Gott ist Gott Selbst. Aus diesem Grund beteuert die Bibel, dass der Glaube aus dem Hören auf das Wort Gottes kommt.

Haben Sie schon beobachtet, wie Menschen, die wenig oder keine Bibelkenntnis haben, sehr schnell Äußerungen über Gott, Himmel und Hölle, Sünde und Heiligkeit machen? Worte ohne Wissensgrundlage können aber gefährlich sein, besonders, wenn es Worte über Gott sind. Echter Glaube kann nur aus dem Hören auf Gottes untrügliches Wort erwachsen. Dieses Wort Gottes finden wir in der Bibel. Dort redet Gott direkt zu uns – über sich Selbst, über uns und wie Er uns rettet.

Aus diesem Grund habe ich jedem der 21 Kapitel einen Text aus der Bibel vorangestellt. Sie wurden ausgewählt, weil man anhand dieser Abschnitte die grundlegende Botschaft der Bibel über Gottes rettende Liebe erläutern kann.

Die Kapitel sind in fünf Themen gegliedert:

- Gottes Wesen und Seine Eigenschaften
- Jesus Christus und Sein Werk
- Der Heilige Geist und Sein Dienst
- Die Sünde und der Weg heraus
- Die Erlösung nach Gottes Heilsplan

Sie sollten immer zuerst den angegebenen Abschnitt lesen. Es gibt viele verschiedene Bibelausgaben. (Wir empfehlen Ihnen die Bibelübersetzung *Schlachter 2000*.) Beten Sie vor jedem Lesen, dass der Herr durch die Bibel spricht! Lesen Sie danach die Erklärung des Abschnitts und beten Sie dann nochmals, dass Ihr Herz, Verstand und Wille Gottes

Wahrheit aufnehmen können! Die Fragen am Ende eines jeden Kapitels sollen eine Hilfe sein, über das Gelesene nachzudenken.

KAPITEL 1

GOTTES WESEN und Seine EIGENSCHAFTEN

DER GLAUBE KOMMT VOM HÖREN

Römer 10,1-21

Wie sollen sie aber den anrufen, an den sie nicht geglaubt haben? Wie sollen sie aber an den glauben, von dem sie nichts gehört haben? ... Demnach kommt der Glaube aus der Verkündigung, die Verkündigung aber durch Gottes Wort. (Römer 10,14.17)

Der Apostel Paulus, der diese Worte schrieb, hatte eine tiefe Liebe für seine Landsleute. Er wollte, dass sie gerettet werden. Das heißt, er wollte, dass sie von den Folgen ihrer Sünde erlöst würden. Wie wir in einigen der folgenden Abschnitte sehen werden, kommen alle Menschen, die das Gesetz Gottes übertreten – genau das ist nämlich Sünde –, unter den Zorn und das Gericht des heiligen Gottes. Wenn sie nicht errettet werden, bedeutet das, dass sie die Ewigkeit in der Hölle verbringen werden, wo sie den verdienten Lohn ihrer Sünde, die Strafe, hinnehmen müssen. Es ist diese Wahrheit, die die Errettung absolut unentbehrlich und äußerst dringend macht.

UNWISSENHEIT

Was hat nun die Israeliten davon abgehalten, gerettet zu werden? Sie waren keine Atheisten oder Agnostiker, sondern Menschen, die für Gott eiferten (Vers 2). Aber, wie Paulus erklärt, basierte ihr Eifer nicht auf Wissen. Ihr Problem war die Unwissenheit. Die Art auf Wissen, auf die sich Paulus bezieht, hat nichts mit den intellektuellen Fähigkeiten eines Menschen zu tun. Es ist ein Wissen, das ein Kind haben kann. Auch war die Unwissenheit nicht dem Umstand zuzuschreiben, dass die Wahrheit vor ihnen verborgen gehalten worden wäre. Sie waren unwissend, obwohl das Wissen gegenwärtig war. Der letzte Vers in Römer 10 ist ein Zitat aus dem ersten Teil der Bibel, dem Alten Testament, aus Jesaja 65,2: »*Den ganzen Tag habe Ich Meine Hände ausgestreckt nach einem widerspenstigen Volk.*« Wenn Sie diesen Vers in Jesaja nachschlagen, sehen Sie, dass er fortfährt: »*… das seinen eigenen Gedanken nachgeht auf einem Weg, der nicht gut ist.*«

Es kommt nicht darauf an, von welchem Standpunkt aus eine Person die Reise des Glaubens beginnt – ob als Atheist, Agnostiker oder als tief religiöser Mensch. Was allen beim Nachdenken über Gott gemeinsam ist, ist das, was Paulus einen Eifer nennt, der nicht auf Wissen gegründet ist. Jesaja sagt, dass solche Menschen »ihren eigenen Gedanken nachgehen«. Der Atheist sagt: »Es gibt keinen Gott.« Der Agnostiker meint: »Es ist nicht möglich zu wissen, ob es einen Gott gibt.« Der religiöse Mensch sagt: »Es gibt einen Gott, und so stelle ich Ihn mir vor.«

Grundsätzlich unterscheiden sich diese drei Auffassungen nur wenig oder gar nicht. Alle drei sind nämlich menschliche Äußerungen über Gott.

GOTT ZUHÖREN

Die Botschaft der Bibel sagt uns: Hör auf zu sprechen; sei ruhig und höre zu, was Gott dir zu sagen hat: *»Demnach kommt der Glaube aus der Verkündigung, die Verkündigung aber durch Gottes Wort«* (Röm. 10,17). Obwohl die Israeliten tief religiös waren, hörten sie der Botschaft Gottes nicht zu. Deshalb kannten sie die wahre Botschaft des Evangeliums nicht und hatten sich selbst einen Weg der Erlösung ausgedacht, der aber für Gott unannehmbar war (Vers 3).

Diese zwanghafte Neigung im Menschen, sich selbst einen Weg der Erlösung zurechtzulegen, ist eines der Haupthindernisse für den wahren Glauben an Gott. Wo immer diese Neigung vorhanden ist, wird Gottes Weg der Erlösung unausweichlich verworfen werden. Über diese Ablehnung trauert Jesaja, wenn er sagt: *»Herr, wer hat unserer Verkündigung geglaubt?«* – Paulus zitiert ihn in Vers 16. Die Botschaft, auf die sich Jesaja bezieht, ist die Botschaft des Evangeliums, die Botschaft eines gekreuzigten Erretters. Das ist die Botschaft, die die Heilige Schrift klar und deutlich verkündet. Das Ergebnis vom Hören und Glauben dieser Botschaft wird der rettende Glaube sein.

In Jesus Christus hat uns Gott einen Retter geschenkt. Wenn Sie gerettet werden wollen, müssen Sie sich deshalb an die Bibel wenden und darin lesen, was sie über Jesus Christus zu sagen hat. Und beachten Sie auch in den Versen 14 und 15, wie Paulus die Wichtigkeit betont, die Botschaft der Erlösung zu predigen. Gehen Sie deshalb in eine Gemeinde, wo der Bibel geglaubt und ihre Botschaft gepredigt wird. Es gibt keine Erlösung ohne den Herrn Jesus Christus, und sie wird in Vers 9 folgendermaßen beschrieben: *»Denn wenn du mit deinem Mund Jesus als den Herrn bekennst und in deinem Herzen glaubst, dass Gott Ihn aus den Toten auferweckt hat, so wirst du gerettet.«*

Wir werden in den folgenden Abschnitten noch sehen, was das bedeutet. Aber halten Sie für jetzt fest, dass wir glauben müssen, was die Bibel über Christus sagt, und dass wir nicht Vorstellungen oder Gedanken über Ihn Glauben schenken dürfen, die ihren Ursprung in unseren eigenen Gedanken oder in Gedanken anderer haben.

Der Jesus der Bibel ist der fleischgewordene Gott, von einer Jungfrau geboren, der ein sündloses Leben führte, am Kreuz zur Tilgung der Sünden Seines Volkes starb, am dritten Tag von den Toten auferstand, zum Himmel aufgefahren ist und eines Tages in diese Welt wiederkommen wird.

FRAGEN ZUM NACHDENKEN

- *Was hielt die Israeliten davon ab, gerettet zu werden?*
- *Warum ist alles menschliche Nachdenken über Gott nur begrenzt und damit verkehrt oder unvollkommen?*
- *Wohin müssen wir uns wenden, um die Wahrheit über Gott und Seinen Erlösungsplan zu finden?*
- *Wen möchte die Bibel uns nahebringen?*

DIE HEILIGKEIT GOTTES

Jesaja 6,1-13

Heilig, heilig, heilig ist der HERR der Heerscharen; die ganze Erde ist erfüllt von Seiner Herrlichkeit! (Jesaja 6,3)

Die Bibel sagt uns vieles über Gott. Sie spricht mit Nachdruck über Seine Liebe, Weisheit, Barmherzigkeit, Güte etc.; aber die eine Wahrheit über Gott, die mehr als alle andere betont wird, ist Seine Heiligkeit. Heiligkeit bedeutet nicht nur Abwesenheit aller moralischen Übel, sondern auch die Anwesenheit einer absoluten moralischen Vollkommenheit. Gott ist heilig, und das allein schon macht Ihn völlig verschieden von den Menschen. Aber genau das ist auch das größte Problem des Menschen.

Weil Gott heilig ist, kann und will Er Sünde nicht tolerieren. Dadurch gelangt der sündige Mensch in eine hoffnungslose und unmögliche Situation. Wie kann er nur jemals für einen heiligen Gott annehmbar sein? Derjenige, der Erlösung sucht, wird sich bald dieses Dilemmas bewusst sein. Es geht nicht nur darum, dass seine Sünde ihn von Gott trennt, sondern die Heiligkeit Gottes ist für den Sünder ein riesiges Problem.

Wären wir uns selbst überlassen, wäre dies natürlich eine hoffnungslose und unmögliche Situation; aber Gott überlässt uns nicht uns selbst. Er Selbst errettet, und die Tatsache Seiner Heiligkeit erhöht den Wert und die Bedeutung der Errettung, die Er schenkt. Dass ein solcher Gott uns liebt und so erbärmliche Sünder errettet, ist tatsächlich ein unverdientes Geschenk. Behalten Sie dies im Kopf, wenn Sie den Abschnitt lesen.

»HEILIG, HEILIG, HEILIG ...«

Jesaja ist es erlaubt, eine Erscheinung des Herrn zu sehen. Er sieht Gott auf dem Thron, hoch und erhaben. Er sieht auch die Haltung der Engel Gott gegenüber. Diese sind vom Bewusstsein der göttlichen Heiligkeit überwältigt und können nicht widerstehen, sich gegenseitig *»heilig, heilig, heilig ist der HERR der Heerscharen«* zuzurufen.

Sie werden wahrscheinlich nie einen solchen Blick auf Gott werfen dürfen; aber man muss die Wahrheit, die durch diesen Abschnitt ausgedrückt wird, erkennen. Gott ist nicht so wie wir. Er ist nicht »ein Kumpel«, und man sollte Ihm nicht in anmaßender Vertrautheit gegenübertreten. Es gibt eine ehrfurchterregende Erhabenheit Gottes, die Sünder beachten und fürchten müssen. Deshalb sagt uns Jesus in Lukas 12,4: *»Ich sage aber euch, Meinen Freunden: Fürchtet euch nicht vor denen, die den Leib töten und danach nichts Weiteres tun können!«*

Als Jesaja erkannte, wer und was Gott ist, ist seine Antwort in Vers 5 unausweichlich. Seine eigene Sünde und Unwürdigkeit wurden im Licht der Heiligkeit Gottes entlarvt. Bedenken Sie dabei, dass diese Worte von einem Mann ausgesprochen wurden, der ein Prophet Gottes und wahrscheinlich einer der besten und gottesfürchtigsten Menschen des Landes war. Verglichen mit anderen, war Jesaja sicher ein Heiliger. Aber nun sah er sich im Licht der unaussprechlichen Reinheit Gottes. Sünde ist falsch und abstoßend, nicht weil sie nicht die Gesellschaftsnorm erfüllen kann, sondern weil sie ein Verstoß gegen die Heiligkeit Gottes ist.

DER GÖTTLICHE MASSSTAB

Haben Sie sich je mit diesem Maßstab gemessen? Uns selbst durch die Brille der göttlichen Heiligkeit zu sehen, gibt die einzig korrekte Einstellung von dem, was wir sind. Verstehen Sie das nicht als Anleitung, wie man sich in Selbstverzweiflung stürzt. Gemessen an diesem Maßstab fühlen wir uns zwar ruiniert und schmutzig; aber eine solche Einschätzung sollte uns ein für allemal die Illusion nehmen, wir könnten uns selbst retten. Wir sind gänzlich auf die Gnade Gottes angewiesen, und das ist der sicherste Ort für einen Sünder.

FRAGEN ZUM NACHDENKEN:

- *Was ist die Heiligkeit Gottes?*
- *Wie kann sie beschrieben werden?*
- *Welche Erfahrung macht Jesaja in der Gegenwart Gottes?*
- *Haben Sie sich schon einmal mit dem Maßstab der Heiligkeit Gottes gemessen?*
- *Worauf setzen Sie Ihre Hoffnung?*

DIE LIEBE GOTTES

Johannes 3,1-21

Denn so [sehr] hat Gott die Welt geliebt, dass Er Seinen eingeborenen Sohn gab, damit jeder, der an Ihn glaubt, nicht verloren geht, sondern ewiges Leben hat. (Johannes 3,16)

Aufgrund der Tatsache, dass Gott heilig ist, ist es Ihm unmöglich, Sünde zu tolerieren. Eigentlich ist es Seine Heiligkeit, die die Erlösung so notwendig macht. Aber Gottes Heiligkeit rettet uns nicht. Es ist Gottes Liebe, die uns durch den Herrn Jesus Christus, der als Retter geschickt wurde, von den Folgen der Sünde rettet.

In diesem Abschnitt geht es um einen religiösen Führer namens Nikodemus. Er ist völlig verwirrt über das, was Jesus über Gottes Weg der Erlösung lehrt. Er kann die geistlichen Begriffe nicht verstehen und deutet sie wörtlich, wodurch sie ihm völlig unsinnig erscheinen (Vers 4). Jesus lässt eine theologische Bombe in seinen Gedanken explodieren, als Er ihm sagt: *»Ihr müsst von Neuem geboren werden!«* Das erschüttert Nikodemus, und weil er alles missversteht, ist er so verwirrt.

Die meisten von uns reagieren ähnlich auf das Evangelium, wenn sie es zum ersten Mal hören;

aber glücklicherweise lässt uns Gott nicht dort stehen. Ein Mensch, der in Sünde lebt, ist eigentlich immer über das verwirrt, was er von Gott hört. Aber unsere Hoffnung ist, dass Gott Sünder liebt. Vers 16 dieses Abschnittes ist eine packende Beschreibung der Liebe Gottes.

DIE INITIATIVE GOTTES

Die Liebe Gottes, wie auch Seine Heiligkeit, zerschlägt alle Mythen, dass der Sünder sich selbst erlösen könne. Das Evangelium beginnt mit dem Handeln Gottes: *»Denn so [sehr] hat Gott die Welt geliebt«*, und verlangt dann eine Antwort des Menschen: *»Wer an Ihn glaubt ...«*

Die Reihenfolge ist wichtig. Den ersten Schritt macht Gott. Wenn Gott nichts unternommen hätte, um uns zu erlösen, dann könnten wir nichts tun. Deshalb ist die Wiedergeburt wesentlich.

Wenn ein Mensch nicht wiedergeboren ist, ist er geistlich tot und unfähig, geistliche Wahrheiten zu verstehen. Er wäre nicht imstande, für die Gnade und das Erbarmen Gottes empfänglich zu sein. Wiedergeboren sein bedeutet, dass Gott einem Menschen, der tot in der Sünde ist, neues Leben gibt. Das ist ein Muss. Ohne von Neuem geboren zu sein, ist geistlich nichts möglich. Und es ist die Liebe Gottes, die den Anfang macht.

Unsere Antwort an Gott wäre nicht denkbar, hätte Gott uns nicht zuerst Seine Liebe erwiesen. Sehr deutlich beschreibt das Johannes in seinem Brief für uns: »*Darin besteht die Liebe – nicht dass wir Gott geliebt haben, sondern dass Er uns geliebt hat und Seinen Sohn gesandt hat als Sühnopfer für unsere Sünden. … Wir lieben Ihn, weil Er uns zuerst geliebt hat.*« (1.Joh. 4,10.19)

GÖTTLICHE LIEBE

Gottes Liebe zu uns ist kein Mitleid oder sonst ein Gefühl, sondern sie veranlasst Ihn zum Handeln. Sie bewegt Ihn dazu, mit unserem größten Problem fertig zu werden. Ein Mensch in Sünde ist vor dem heiligen Gott schon verdammt (Vers 18). Der Sünder liebt die Dunkelheit; seine Taten sind böse; er hasst das Licht (Verse 19 und 20). Darum geht er verloren (Vers 16). Von dem Beispiel, das Jesus in den Versen 14 und 15 erwähnt, wird deutlich, dass Er mit »Verlorengehen« Gottes Urteil über die Sünde meint (vgl. 4. Mose 21).

Gott wird mit der Sünde fertig, indem Er Seinen Sohn gibt, den Herrn Jesus Christus, der für uns starb. Jesus wurde für unsere Sünden verantwortlich gemacht und nahm die Schuld und Strafe auf sich: Am Kreuz ertrug Er das Urteil und den Zorn Gottes stellvertretend für Sein Volk.

Dass uns Gott so lieben sollte, dass Er dies tat, ist einfach überwältigend! Es ist Seine Liebe, die wir ganz sicher nicht verdient haben. Und wie Johannes im oben erwähnten Vers betont, wurde diese Liebe von uns auch nicht gesucht. Johannes drückt mit den Worten *»Welch eine Liebe hat uns der Vater erwiesen!«* (1.Joh. 3,1) aus, dass uns etwas Unermessliches gewährt wurde. Er möchte damit zum Ausdruck bringen, dass die Liebe Gottes ein Reichtum ist und nicht ein bescheidenes Etwas, sondern eine Liebe, die in ihrer Schönheit und Tiefe unvorstellbar ist. Diese freigebige Liebe hat es Gott ermöglicht, Seinen einzigen Sohn für uns Sünder, die die Hölle verdient hätten, in den Tod zu geben.

UNSERE ANTWORT

Diese Liebe fordert eine Antwort von uns. In einem Lied heißt es:

So eine erstaunliche,
göttliche Liebe fordert meine Seele,
mein Leben, mein Alles!
(John Newton)

Eine solche Reaktion ist sowohl vernünftig als auch angemessen. Die einzige Hoffnung des Sünders besteht in dem, was Gott für ihn getan hat. Verdammt und unter dem Urteil Gottes zu sein, bedeutet, sich in einer schrecklichen Situation zu befinden. Deshalb scheint die freudige und demütige Annahme der vollen Vergebung und des ewigen Lebens sowohl das Vernünftigste als auch das Angemessenste zu sein. Haben Sie dies getan? Sind Sie im Bewusstsein Ihrer ganzen Sündhaftigkeit zu Gott gekommen und haben dieses Geschenk des ewigen Lebens im Glauben angenommen?

FRAGEN ZUM NACHDENKEN

- *Welche Hoffnung bleibt dem Sünder, wenn Gottes Heiligkeit ihn nicht erlösen kann?*
- *Worin besteht Gottes Initiative in unserem Leben?*
- *Warum ist es notwendig, von Neuem geboren zu werden?*
- *Wie wird Gottes Liebe mit unserer Sünde fertig?*
- *Können Sie Seine Liebe Ihnen gegenüber ermessen?*
- *Wie können wir auf Gottes Liebe angemessen reagieren?*

KAPITEL 2

JESUS CHRISTUS und Sein WERK

JESUS – SEINE MENSCHWERDUNG

Hebräer 2,1-18

Denn Er nimmt sich ja nicht der Engel an, sondern des Samens Abrahams nimmt Er sich an. Daher musste Er in jeder Hinsicht den Brüdern ähnlich werden. (Hebräer 2,16-17)

»Menschwerdung« ist das Wort, mit dem die Geburt Jesu beschrieben wird. Das bedeutet, »zu einem Menschen werden« und bringt damit die erstaunliche Wahrheit zum Ausdruck, dass im Moment der Zeugung Jesu Gott ein Mensch wurde. Im ersten Kapitel seines Evangeliums sagt Johannes, dass Jesus das Wort ist, »*und das Wort war Gott*« (Joh. 1,1). Dann fährt er fort zu erklären: »*Und das Wort wurde Fleisch (Mensch) und wohnte unter uns …*« (1,14).

Die Geburt Jesu war etwas ganz Besonderes. Sowohl der Prophet Jesaja im Alten Testament, als auch Matthäus und Lukas im Neuen Testament sagen uns, dass Seine Mutter Maria eine Jungfrau war. Seine Geburt war nicht die Folge menschlicher Lust, sondern kam durch die übernatürliche, lebensspendende Einwirkung des Heiligen Geistes zustande.

In diesem Abschnitt wird uns erklärt, weshalb dies notwendig war und was es bedeutet. In Hebräer 2,14-18 haben wir eine der deutlichsten Aussagen im Neuen Testament über die Gründe, die zur Menschwerdung Gottes in der Person des Herrn Jesus Christus führten.

DESHALB

In Vers 13 haben wir ein Zitat aus Jesaja 8,18, das wiederum Teil einer messianischen Verheißung ist. So bezeichnet man Abschnitte im Alten Testament, die sich auf Christus beziehen. Das wird in den Versen 12 und 13 unseres Abschnitts deutlich, wo Worte aus dem Alten Testament zitiert und Jesus zugeschrieben werden. Jesus sagt also: *»Siehe, Ich und die Kinder, die Mir Gott gegeben hat«* und meint die Menschen, die Gott durch Ihn erlösen wird. In Johannes 17,2 sagt Jesus Selbst, dass Er all jenen, die Gott Ihm gegeben hat, ewiges Leben geben werde.

Diese Kinder, die Gott erretten wird, sind aus Fleisch und Blut – sie sind menschliche Wesen.

Aber Gott ist nicht aus Fleisch und Blut; Er ist nicht menschlich. Um uns zu erlösen, wurde Er ein Mensch. Beachten Sie, dass diese Wahrheit auch in den Versen 16 und 17 nochmals wiederholt wird. Gott errettet nicht Engel, sondern menschliche Wesen: *»Daher musste Er in jeder Hinsicht den Brüdern ähnlich werden.«*

Weshalb war dies notwendig? Die Errettung wurde im Himmel geplant, konnte aber nicht im Himmel ausgeführt werden. Die Wiedergutmachung der Sündenschuld muss vor Gott durch einen Menschen geleistet werden, der für die Schuld eintritt. Aber kein einziger Mensch war dafür geeignet, denn alle Menschen sind Sünder. Deshalb wurde der ewige Gott Mensch, *»damit Er durch den Tod«* (Vers 14) Erlösung für Sein Volk erlangen konnte. Gott wurde Mensch, damit Er als der Mensch Jesus für Sein Volk sterben und so ihre Erlösung erkaufen konnte. Paulus beschreibt das in Römer 5,17 so: *»Denn wenn infolge der Übertretung des einen der Tod zur Herrschaft kam durch den einen, wieviel mehr werden die, welche den Überfluss der Gnade und das Geschenk der Gerechtigkeit empfangen, im Leben herrschen durch den Einen, Jesus Christus!«*

FÜNF GRÜNDE

In Hebräer 2,14-18 werden fünf Gründe erwähnt, weshalb Gott Mensch wurde:

1. Damit Er durch Seinen Tod dem Teufel die Macht des Todes entreißen konnte (Vers 14).
2. Damit Er Sein Volk von der Furcht vor dem Tod befreien konnte (Vers 15).
3. Damit Er ein Hohepriester werden konnte (Vers 17).
4. Damit Er selbst zum Sühneopfer werden konnte (Vers 17).
5. Damit Er uns in unseren Versuchungen helfen kann (Vers 18).

Die Erfüllung all dieser Punkte erforderte das Leiden und Sterben des Sohnes Gottes. Deshalb musste Gott Mensch werden. John Owen sagte: »Der erste und wichtigste Grund, warum der Herr Jesus Christus menschliche Natur annahm, war nicht, um damit zu regieren, sondern um darin zu leiden und zu sterben.«

Die Menschwerdung war für unsere Erlösung notwendig, weil es dabei nicht um bloßes Zudecken geht. Es war nicht ein schnelles Übertünchen. Erlösung ist das gewaltige Werk Gottes, wodurch Er neue Menschen mit einem neuen Wesen schafft. Aber wenn wir so wie Er werden sollen, muss Er zuerst zu dem gemacht werden, was wir sind (aber ohne Sünde). Wenn wir zu Teilhabern der göttlichen Natur gemacht werden sollen, muss Gott zuerst der menschlichen Natur teilhaftig werden (aber nicht der gefallenen menschlichen Natur).

In seinem Brief an die Gemeinde in Philippi zitiert der Apostel Paulus wahrscheinlich eines der ersten christlichen Gemeindelieder. Dieses großartige Lied dreht sich um Jesus Christus, der Mensch wurde, uns zu erlösen:

… Christus Jesus …, als Er in der
Gestalt Gottes war, … Gott gleich …,
… entäußerte (Er) sich Selbst,
nahm die Gestalt eines Knechtes an
und wurde wie die Menschen;
und in Seiner äußeren Erscheinung
als ein Mensch erfunden,
erniedrigte Er sich Selbst und
wurde gehorsam bis zum Tod,
ja bis zum Tod am Kreuz.
(Philipper 2,5-8)

FRAGEN ZUM NACHDENKEN

- *Was bedeutet »Menschwerdung«?*
- *Warum war es notwendig, dass Gott Mensch wurde?*
- *Was bedeutete es für Jesus, Mensch zu werden?*
- *Welche Zukunft verbirgt sich hinter der Menschwerdung Gottes für uns?*

JESUS – SEIN GÖTTLICHES WESEN

Kolosser 1,15-23

Dieser ist das Ebenbild des unsichtbaren Gottes, der Erstgeborene, der über aller Schöpfung ist. Denn in Ihm ist alles erschaffen worden, was im Himmel und was auf Erden ist, das Sichtbare und das Unsichtbare. (Kolosser 1,15-16)

Das Neue Testament betont immer wieder die Einzigartigkeit und die Einmaligkeit des Herrn Jesus Christus. Es gibt niemanden, der mit Jesus vergleichbar wäre, und aufgrund der Tatsache, wer Er ist, ist allein Er dazu fähig, unser Retter zu sein. Jesus wäre auch unter dem Urteil und dem Zorn Gottes, wenn Er wie wir bzw. wie alle Sünder lediglich ein menschliches Wesen wäre. Wenn das wahr wäre, könnte Jesus genauso wenig wie Du und ich Sünder erretten. Aber den vorigen Abschnitt haben wir mit einem Zitat aus Philipper 2 beendet, wo uns gesagt wird, dass Jesus Christus in Seinem ganzen Wesen Gott war. Diese gewaltige Wahrheit soll in diesem Abschnitt noch detaillierter ausgearbeitet werden.

DIE HERRSCHAFT CHRISTI

In den Versen 13 und 14 wird uns Jesus als Erretter vorgestellt. Durch Seinen Sohn erlöst uns Gott von der Sünde; durch Ihn werden unsere Sünden getilgt und vergeben. Paulus kommt dann in den Versen 15-20 sofort auf die Souveränität Christi zu sprechen. Diese höchste Macht wird in Vers 15 ganz packend dargestellt. Jesus ist das Abbild des unsichtbaren Gottes. Es gibt niemanden wie Jesus, denn Jesus ist Gott.

Ein Abbild entspricht einem Gegenstand nur, wenn es ihn auf die eine oder andere Art widerspiegelt. Die Götter der Heiden waren Abbilder – aber Abbilder wovon? Zwangsläufig Abbilder ihrer eigenen Wunschvorstellungen oder ihrer Gedanken. Und sehr oft spiegelten sie die Angst der Menschen wider, die diese Abbilder schufen. Sicher, die Menschen können versuchen, sich ein Abbild des wahrhaftigen Gottes zu machen, aber indem sie dies tun, entstellen sie nur die Herrlichkeit des unsterblichen Gottes (Röm. 1,23).

Es heißt auf den ersten Seiten der Bibel, dass der Mensch als Abbild Gottes geschaffen wurde; aber dieses Abbild wurde durch die Sünde zerstört. In Jesus haben wir jetzt die vollkommene Widerspiegelung Gottes, und dies ist deshalb möglich, weil nur einer, der Gott gleich ist, Gott vollkommen darstellen und widerspiegeln kann. Das Abbild, das Jesus uns von Gott gebracht hat, war nicht nur einfach eine Kopie, sondern etwas Reales. Paulus sagt uns in Vers 19: »*Denn es gefiel [Gott], in Ihm alle Fülle wohnen zu lassen.*« Und dieselbe Wahrheit wiederholt er im Vers 9 des 2. Kapitels: »*Denn in Ihm wohnt die ganze Fülle der Gottheit leibhaftig.*«

DIE EINZIGARTIGKEIT CHRISTI

Im Verlauf der Geschichte gab es einige große Gottesmänner. Sie haben uns auf verschiedene Weise die Botschaft Gottes übermittelt und in ihrer Person sicher etwas vom Wesen Gottes widergespiegelt. Aber keiner von ihnen wurde das Abbild Gottes genannt, denn in all diesen Widerspiegelungen gab es noch Sünde, und deshalb gab es auch Mängel und Verzerrungen. Jesus allein ist das Abbild Gottes, denn in Ihm war keine Sünde. Darum weist dieses Bild keine Mängel und Verzerrungen auf. Er ist Gott.

Wenn Sie fragen würden: »Wie ist Gott?«, wäre die Antwort der Bibel, dass Er wie Jesus ist: heilig, gerecht, wahr, voller Barmherzigkeit und Gnade. Er liebt Sünder und streckt ihnen in Liebe und Gnade Seine Arme entgegen, während Er sie dazu auffordert zu Ihm zu kommen.

In dieser großartigen Wahrheit über Jesus liegt für den Sünder die einzige Hoffnung auf Errettung, denn Gott kann man nur durch Jesus Christus kennen lernen. Als Jesus sagte: *»Ich bin der Weg und die Wahrheit und das Leben; niemand kommt zum Vater als nur durch Mich!«* (Joh. 14,6), war Er nicht fanatisch, sondern sagte lediglich die Wahrheit. Und als der Apostel Petrus, von Jesus sprechend, sagte: »*Es ist in keinem anderen das Heil; denn es ist kein anderer Name unter dem Himmel den Menschen gegeben, in dem wir gerettet werden sollen!*«, war er dabei nicht von einem übersprudelnden Enthusiasmus hingerissen, sondern erklärte uns damit die Wahrheit über die Souveränität und die Einzigartigkeit unseres Herrn Jesus Christus. Er ist Gott. Und nur durch Ihn finden wir zu Gott.

FRAGEN ZUM NACHDENKEN

- *Worin besteht die Einzigartigkeit Jesu?*
- *Warum kann Jesus ein vollkommenes Abbild Gottes sein?*
- *Wie können wir Gott kennenlernen?*
- *Denken Sie über das nach, was Sie über Jesus wissen!*

JESUS – DER GUTE HIRTE

Johannes 10,1-18

Ich bin der gute Hirte und kenne die Meinen und bin den Meinen bekannt. (Johannes 10,14)

Im Gleichnis vom Guten Hirten zeigt uns Jesus deutlich, weshalb Er in diese Welt kam, und was nur Er für uns tun kann. Er malt das Bild einer Schafherde und dazu drei verschiedene Gruppen von Menschen, die versuchen, diese zu führen und zu leiten: Diebe, Angestellte und der Gute Hirte.

Der Dieb und der Angestellte sind nicht wirklich am Wohl der Schafe interessiert. Der eine kommt, um sie zu stehlen, und der andere verschwindet, sobald es schwierig wird (Vers 12-13).

Im Gegensatz dazu steht der Gute Hirte:

- Die Schafe gehören Ihm (Vers 4).
- Er kennt jedes einzelne Schaf mit Namen und hat an jedem ein persönliches Interesse (Vers 3).
- Er liebt jedes Schaf so sehr, dass Er bereit ist, Sein Leben für sie zu geben (Vers 11).

»WIR ALLE SIND WIE SCHAFE ...«

Weshalb erzählt Jesus dieses Gleichnis, und was ist dessen Bedeutung? Wir Menschen sind wie Schafe. (Beachten Sie, dass Jesus von Vers 9 an nicht mehr von Schafen, sondern von Menschen spricht, die errettet werden müssen.) Im Alten Testament sagt Jesaja, dass alle Menschen wie Schafe sind, die Gott davongelaufen und in die Irre gegangen sind (Jes. 53,6). Er meinte damit, dass wir sehr leicht geführt und beeinflusst werden können. Das trifft heute noch genauso zu wie vor tausend Jahren. In der Tat, heute ist es sogar noch offensichtlicher.

Viele Millionen werden heutzutage in die Werbung investiert, um den Menschen vorzutäuschen, dass sie glücklicher, gesünder, schöner oder schlanker sein würden, wenn sie nur dieses oder jenes Produkt kaufen würden. Und das funktioniert! Unabhängig davon, wie gut ein Produkt ist – eine gute Werbung wird es verkaufen. Das ist so, weil der Konsument von seiner Veranlagung her »ein Schaf« ist und leicht geführt und beeinflusst werden kann. Werbung und Verpackung sind wegen der »schafartigen« Natur des Menschen sehr wirksam.

Aber natürlich ist alles noch viel ernster. Jeder Mensch hat eine unsterbliche Seele, aber diese ist verloren. Sie ist sehr wertvoll, weil sie ewig besteht. Jesus sagt: *»Denn was hilft es dem Menschen, wenn er die ganze Welt gewinnt, aber sein Leben (seine*

Seele) verliert?« (Mt. 16,26). Lieben Sie ihre Seele eigentlich? Falls Sie es nicht tun, gibt es andere die es scheinbar tun und doch danach trachten Sie in die Irre zu führen. Jesus sagte, dass sie wie Diebe oder Angestellte sind. Diese Leute lieben Sie nicht, aber Sie sind ihnen nicht gleichgültig. Sie trachten danach, Ihre Seele ins Verderben zu stürzen. Diese Tatsache wird offensichtlich, wenn Sie all die Einflüsse in Ihrem Leben in Betracht ziehen, die versuchen, Sie von Gott fern zu halten.

DER HIRTE ALS RETTER

Danken Sie Gott, dass es jemanden gibt, der Sie liebt, der alles über Sie weiß und dazu noch willig ist, Sein Leben für Sie zu geben. Dieser Gute Hirte hat den Himmel verlassen und kam für Seine Schafe in diese Welt. Er kam, um die Verlorenen zu suchen und zu finden.

»Erretten« bedeutet, uns von den Folgen unserer Sünden zu befreien. Er möchte uns einen neuen Charakter schenken, der sich nach Gott sehnt und Ihn lieben will. Der einzige Weg, wie der Gute Hirte dies bewerkstelligen konnte, war, für Seine Schafe zu sterben (Vers 11). Das wiederum bedeutet, dass Jesus am Kreuz die Strafe bezahlte, die Sie durch das Übertreten von Gottes Gesetz auf sich gezogen haben. Die Sünde muss mit dem Tod bezahlt werden, und Jesus starb für Seine Schafe. Dieser Tod, den Jesus, der Gute Hirte, stirbt, wird in Vers 18 auf wunderbare Weise beschrieben.

Es war eine Tat aus freiwilliger Liebe. Seine Feinde konnten Jesus nicht gegen Seinen Willen das Kreuz aufzwingen. Sie hätten einfach keine Macht gehabt, dies zu tun. Der Tod Jesu war ein Opfer, eine Gabe Seiner Selbst, um anstelle Seines Volkes zu sterben. Und bei der Ausführung dieser Tat war Jesus, der Sohn, in völliger Übereinstimmung mit dem Willen Gottes, Seines Vaters. Aber das Opfer für die Sünden war nicht das Ende. Jesus hatte nicht nur die Macht und Gewalt, Sein Leben abzulegen, sondern auch, es wieder an sich zu nehmen. Dies tat Er am dritten Tag, als Er vom Grab als Sieger über Sünde und Tod auferstand.

FRAGEN ZUM NACHDENKEN

- *Mit wem vergleicht sich Jesus in diesem Gleichnis?*
- *Warum vergleicht Jesus Menschen mit Schafen?*
- *Warum ist Jesus ein guter Hirte?*
- *Was tut Er für Seine Schafe?*
- *Was ist so einzigartig an Jesu Tod?*

KAPITEL 3

Der HEILIGE GEIST und Sein DIENST

WOZU DER HEILIGE GEIST?

Johannes 16,1-16

Und wenn Jener kommt, wird Er die Welt überführen von Sünde und von Gerechtigkeit und vom Gericht. (Johannes 16,8)

Gottes Erlösungsplan, als Er den Herrn Jesus Christus in diese Welt sandte, um unser Erretter zu sein, war kein zufälliges, ungeplantes Unterfangen. Gottes Plan war nicht, die Erlösung möglich zu machen und dann zu hoffen, dass einige Sünder in irgendeiner Hinsicht vielleicht davon profitieren würden. Jesus kam in diese Welt, um die Verlorenen zu suchen und zu erlösen, und um sich ein Volk zu sammeln. Damit die Erlösung vollbracht werden konnte, war es notwendig, dass Jesus für uns starb und dann wieder von den Toten auferstand. Und es ist auch unabdingbar, dass der Heilige Geist uns als Individuen durch das Evangelium lebendig macht. Das ist der Grund, weshalb Jesus in unserem Abschnitt sagt, es sei gut, wenn Er uns verlasse, um in den Himmel zurückzukehren. Sobald Jesus in den Himmel aufgestiegen war, wollte Gott uns den Heiligen Geist senden.

Ohne die Mithilfe des Heiligen Geistes wäre die Erlösung unmöglich. Der Heilige Geist ist nicht nur eine Macht, sondern die dritte Person der Dreieinigkeit, und deshalb ist Er wie Jesus göttlich. Gott, der Heilige Geist, ist für unsere Erlösung genauso notwendig wie Gott, der Vater, und Gott, der Sohn.

Bei der Planung der Erlösung hat Gott die Macht der Sünde in den Herzen der Männer und Frauen nicht unterschätzt. Er wusste, dass es nicht ausreichen würde, die Erlösung nur einfach zu ermöglichen. Wenn Sünder wirklich gerettet werden sollen, dann muss Gott sie Selbst erretten. Er muss alles dafür Erforderliche tun. Nachdem nun Gott, der Vater, die Erlösung geplant hat und Gott, der Sohn, sie für uns erkauft hat, arbeitet Gott, der Heilige Geist, in den Herzen der Sünder, damit sie sich der Sünde bewusst werden. Dann kann der Heilige Geist sie in Reue und Glauben zu Gott bringen. In diesem Abschnitt erzählt uns Jesus von der Arbeit des Heiligen Geistes: vom Öffnen unserer Augen für die Sünde. Er kommt, um der Welt die Augen für die Schuld in dreifacher Hinsicht zu öffnen: bezüglich der Sünde, bezüglich der Gerechtigkeit Gottes und bezüglich Seines Gerichtsurteils über uns.

Die Sünde, die wir alle erkennen müssen, ist unsere eigene Sünde. Die Gerechtigkeit, für die unsere Augen geöffnet werden müssen, ist die von Christus, und das Gerichtsurteil ist jenes von Gott.

SÜNDE

Falls man überhaupt über Sünde nachdenkt, denkt man dabei meist an irgendeine in den Augen der Gesellschaft schändliche Tat. Wenn aber der Heilige Geist Menschen die Augen für die eigenen Sünden öffnet, dann offenbart Er ihnen etwas, das sie bisher als absolut unwichtig betrachtet hatten: die Sünde, dass sie nicht an den Herrn Jesus Christus glauben (Vers 9). Der Heilige Geist tut dies, indem Er in den Gedanken eines Menschen die Bedeutung und die unverwechselbare Wahrheit über Jesus verankert. Dann erweckt Er in den Gedanken und Herzen die Überzeugung, dass es eine große Sünde ist, diese Wahrheit nicht zu glauben. Unglaube ist nicht nur einfach eine falsche Auffassung oder ein intellektueller Fehler, sondern tiefe, große Sünde, ja die größte Sünde, die ein Mensch zu begehen fähig ist. Man kann jemanden davon überzeugen, dass er ein Lügner, ein Dieb, Betrüger oder gar Mörder ist; aber wenn er nicht von der Sünde des Unglaubens überzeugt ist, wird er nie die Errettung und den Frieden mit Gott kennen lernen.

GERECHTIGKEIT

Der Heilige Geist verurteilt Sünder durch die Gerechtigkeit Christi. Er tut dies auf verschiedene Art und Weise, indem Er uns den Charakter Jesu und die Wahrheit Seiner Lehre und Wunder offenbart. Aber in Vers 10 erwähnt Jesus vor allem einen Weg, nämlich Seine Himmelfahrt: »*... weil Ich zu Meinem Vater gehe.*«

Die Welt verwarf Jesus als einen Hochstapler; aber Seine Auferstehung und Himmelfahrt haben den unfehlbaren Beweis geliefert, dass alles, was Er gesagt und behauptet hatte, richtig war. Er sagte, Er werde von den Toten auferstehen und in den Himmel auffahren, und so war es. Diese Behauptungen betrafen nicht irgendwelche Taten, die jedem möglich sind oder einfach verfälscht werden konnten. Auferstehung und Himmelfahrt beweisen, dass Er das ist, was Er vorgab zu sein.

Um gerettet zu werden, muss ein Sünder an die Einzigartigkeit Jesu glauben. Er allein ist der Retter.

GERICHT

Das Gericht, das in Vers 11 erwähnt wird, ist Gottes Gericht über den Fürsten dieser Welt, wie die Bibel den Teufel bezeichnet. Dies ist ein Hinweis auf das Kreuz von Golgatha. Der Heilige Geist überzeugt die Menschen, dass das Kreuz den Sieg für Gott bedeutete, und dass der Teufel dort geschlagen wurde. Jesus hat durch Sein Leben, Sein Sterben und Seine Auferstehung den Teufel besiegt, verurteilt und vertrieben.

Und in all dem sehen wir immer wieder einen roten Faden. Ein Mensch kümmert sich nicht im Geringsten um die Gerechtigkeit Christi und das Gericht Gottes, solange er nicht von seiner eigenen Sünde überzeugt ist. Sobald ihm dafür die Augen geöffnet sind, hat er ein Verlangen nach dem Erlöser dieser Welt, und dann ist es Zeit, ihn auf Jesus hinzuweisen, den Gerechten, der allein fähig ist, unsere Sünden zu tilgen.

FRAGEN ZUM NACHDENKEN

- *Wer ist der Heilige Geist?*
- *Warum können wir ohne Sein Eingreifen nicht gerettet werden? Wofür öffnet uns Gottes Geist die Augen?*
- *Was ist die größte Sünde, die ein Mensch begehen kann?*
- *Was beweist, dass Jesus kein Hochstapler ist?*

KAPITEL 4

Die SÜNDE und der WEG HERAUS

SÜNDE IST REAL

1. Mose 3,1-24

Da rief Gott der HERR den Menschen (Adam) und sprach: Wo bist du? Und er antwortete: Ich hörte Deine Stimme im Garten und fürchtete mich, denn ich bin nackt; darum habe ich mich verborgen! (1. Mose 3,9-10)

Wenn Sie das 3. Kapitel des ersten Buches Mose nicht verstehen, werden Sie auch nicht in der Lage sein, das Evangelium richtig zu verstehen. Alles, was danach in der Bibel geschrieben steht, ist Folge der Ereignisse, die sich im Garten Eden abspielten. Und das waren Tatsachen und keine Mythen. Den Taten Jesu und der ganzen Lehre des Neuen Testamentes liegen die Realität der Sünde und die Lehre vom Sündenfall zugrunde. Mit dem Sündenfall meinen wir den Augenblick, in dem sich der Mensch vom Leben in der Vollkommenheit, in die hinein er geschaffen wurde, abwandte und begann, in einem Zustand der Sünde zu leben.

DIE BEDEUTUNG FÜR HEUTE

Die Bedeutung für die heutige Menschheit ist einfach zu erkennen. Tief in unseren Herzen steckt das Verlangen nach der verbotenen Frucht, und damit verbunden ist ein Misstrauen gegenüber Gottes Wort. Es ist viel einfacher, den eingeflüsterten Schmeicheleien Satans zu glauben als den deutlichen Erklärungen Gottes. Adam und Eva waren von Gott und für Gott erschaffen worden. Sie sollten sich an Gott freuen und taten dies auch. Alles, was sie zum Leben und Glücklichsein brauchten, wurde ihnen gegeben. Nur eines war verboten (Vers 2-3), und dies war etwas, das sie weder brauchten noch wollten, bis sie anfingen, auf Satan zu hören. Sie kamen wegen der Lügen des Bösen zu Fall, was dazu führte, dass die Sünde erstmals Teil ihres menschlichen Charakters wurde. Beim Sündenfall verlor der Mensch im Wesentlichen drei Dinge:

1. *Den Frieden mit Gott.* Der Mensch fürchtet sich nun vor Gott und versteckt sich vor Ihm (Vers 10).

2. *Den Zugang zu Gott.* Der Mensch wurde aus der Gegenwart Gottes vertrieben, und Engel mit feurigen Schwertern in der Hand wurden an den Eingang des Gartens gestellt, um Adam und Eva

den Zutritt in die heilige Gegenwart Gottes zu verwehren (Vers 24).

3. *Die Hoffnung für die Zukunft.* Von nun an ist der ganze Lebensstil der Menschen verändert, und die Zukunft verspricht nichts als Schweiß und Tränen (Vers 17-19).

Die Sünde hat ihren verheerenden Abdruck auf dem menschlichen Charakter von Adam bis zu uns hinterlassen. Und was für Adam galt, gilt heute immer noch für uns: Der Sünder hat keinen Frieden mit Gott, keinen Zugang zu Gott und keine Hoffnung für die Zukunft (siehe Röm. 5,12-21).

DIE MENSCHLICHE VERANTWORTUNG

Unser Textabschnitt macht deutlich, dass hinter der Sünde das Handeln Satans steht, was uns aber nicht entschuldigt oder gar die Verantwortung für unsere Taten nimmt. Die Sünde Evas In Vers 6 war eine Folge ihres Hörens auf Satans Lügen. Liest man Vers 2, dann ist es offensichtlich, dass sie sehr wohl wusste, was Gott gesagt hatte; aber das wollte sie ignorieren. Und als Satan die Rechtschaffenheit und den Charakter Gottes in Frage stellte (Vers 5), wusste sie aus ihrer reichhaltigen Erfahrung der Güte Gottes ihr und Adam gegenüber, dass dies eine gewaltige Lüge war; aber sie hörte trotzdem hin. Satan log; aber Eva war es selbst, die sündigte. Sie war es, nicht Satan, welche die verbotene Frucht nahm und aß; und Adam folgte dem Vorbild seiner Frau.

Sie waren für ihre eigene Sünde verantwortlich, und Gottes Gericht kam über sie genauso wie über die Schlange. Genau wie Adam und Eva akzeptieren wir diese Verantwortung nur widerwillig. Adam beschuldigte Eva (Vers 12) und Eva die Schlange (Vers 13), und seither beschuldigen wir jedermann und alles für unsere Sünden. Wir sagen, es sei nicht unser Fehler, sondern unsere Umgebung, die Erziehung, unsere Eltern. Aber Gott fordert von uns persönlich Rechenschaft, und da gibt es keine Ausflüchte.

EIN VERHEISSENER ERRETTER

Die Sünde hat den Menschen in einem hilf- und hoffnungslosen Zustand zurückgelassen. Unsere einzige Hoffnung ist die Gnade und Liebe Gottes. Und die unverdiente Zuwendung Gottes kommt schon in Vers 15 dieses traurigen Kapitels zum Vorschein.

Hier finden wir das erste biblische Versprechen eines Retters. Und es begann sich ganz konkret zu erfüllen, als Gott in der Person Jesu Christi Mensch wurde. Unsere einzige Hoffnung als Sünder ist Christus, der verheißene Retter. Alles, was wir beim Sündenfall verloren haben – Frieden mit Gott, Zugang zu Gott und Hoffnung für die Zukunft –, ist in Christus wiederhergestellt, wenn wir Ihn als Retter kennen: *»Da wir nun aus Glauben gerechtfertigt sind, so haben wir Frieden mit Gott durch unseren Herrn Jesus Christus, durch den wir im Glauben auch Zugang* *erlangt haben zu der Gnade, in der wir stehen, und wir rühmen uns der Hoffnung auf die Herrlichkeit Gottes.«* (Röm. 5,1-2)

FRAGEN ZUM NACHDENKEN

- *Warum sündigten Adam und Eva?*
- *Welche Folgen hatte dies für die gesamte Menschheit?*
- *Gibt es eine Hoffnung nach dem Sündenfall?*

SÜNDE HAT FOLGEN

1. Mose 4,1-16

Und Kain redete mit seinem Bruder Abel; und es geschah, als sie auf dem Feld waren, da erhob sich Kain gegen seinen Bruder Abel und schlug ihn tot. (1. Mose 4,8)

Gestern schauten wir uns die katastrophalen Folgen der Sünde an, als sie in das Leben von Adam und Eva kam. Nichts war mehr so wie vorher. Das war schon schlimm genug; aber in 1. Mose 4 wird uns gezeigt, dass sich die Macht der Sünde nicht nur auf Adam und Eva beschränkte: Sie hat ebenso den Charakter ihrer Kinder verdorben. Und selbst dort hört es nicht auf: »*Darum, gleichwie durch einen Menschen die Sünde in die Welt gekommen ist und durch die Sünde der Tod, und so der Tod zu allen Menschen hingelangt ist, weil sie alle gesündigt haben …*« (Röm. 5,12)

DIE SÜNDE VERDIRBT ALLE MENSCHEN

Vielleicht dachten Adam und Eva, dass sich die Dinge mit der Geburt eines Sohnes ändern würden. Sie erinnerten sich an das Versprechen Gottes, dass die Erlösung von der Macht der Sünde durch die Nachkommenschaft der Frau kommen werde. Hier war nun also ihr Nachkomme. Und Eva verkündigte, vielleicht mit etwas Hoffnung und Aufregung, dass die Geburt durch des Herrn Hilfe zustande gekommen war. Als Adam und Eva dieses Neugeborene in den Armen hielten, dachten sie wahrscheinlich, dass er der Befreier sein werde. Statt dessen wurde er zu einem Mörder, und die traurige Geschichte der Menschheit begann – mit Blut geschrieben. Wenn wir zu 1. Mose 6 vorstoßen, zeigen sich an allen Nachkommen Adams, an der ganzen Menschheit, die Folgen der Sünde: »*Als aber der HERR sah, dass die Bosheit des Menschen sehr groß war auf der Erde und alles Trachten der Gedanken seines Herzens allezeit nur böse …*« (1. Mose 6,5).

Traurigerweise ist die Geschichte von Kain und Abel kein Ausnahmefall, sondern Teil eines ununterbrochenen und fortlaufenden Beweises für die Auswirkungen der Sünde in den Herzen der Menschen. Es ist nicht nur eine Erklärung für unser schlechtes Verhalten untereinander, sondern in erster Linie eine Demonstration der Feindschaft des Menschen gegen Gott. Wenn der Mensch sein Verhältnis mit Gott nicht in Ordnung bringen kann, wird er auch seine Beziehung zu seinem Nachbarn nicht klären können. Deshalb sagte Jesus auch, das höchste Gebot sei: »*Du sollst den Herrn, deinen Gott, lieben mit deinem ganzen Herzen und mit deiner ganzen Seele und mit deinem ganzen Denken.*« Dann fuhr der Retter mit dem zweithöchsten Gebot fort: »*Du sollst deinen Nächsten lieben wie dich selbst*« (Mt. 22,37-39). Wir müssen zuerst das erste Gebot einhalten können, bevor wir überhaupt eine Chance haben, auch das zweite zu erfüllen.

SÜNDER NÄHERN SICH GOTT

Genau hier versagt Kain. Seine Beziehung mit Gott lag im Argen, wie uns die Verse 3-7 zeigen. Wir sehen hier zwei Männer, die Gott anbeten wollen. Auf den ersten Blick sehen sie gleich aus. Sie sind Brüder, haben die gleichen Eltern, dieselbe Erziehung und die gleichen Vorzüge. Es gab offensichtlich auch Unterschiede, zum Beispiel, dass Kain den Acker bebaute und Abel Viehzucht betrieb. Aber da gibt es einen noch größeren Unterschied, der zum Vorschein kommt, als die beiden sich Gott nähern; denn der wahre Wert eines Menschen kann nur nach dem beurteilt werden, was Gott über ihn denkt.

Wenn irgendein Mensch sich Gott nähert, so muss er dies als Sünder tun, als einer, der keine Rechte hat. Er kommt im Bewusstsein seiner Sünde und Schuld, und dies wiederum wird die Art und Weise, wie er sich Gott nähert, bestimmen. Uns wird in Hebräer 11,4 gesagt: »*Durch Glauben brachte Abel Gott ein besseres Opfer dar als Kain …*« Es war der Unterschied des Opfers – oder der Gabe, die die beiden Brüder Gott brachten –, der bewirkte, dass der eine angenommen und der andere verworfen wurde. Die Opfer waren ein Hinweis auf ihre Haltung Gott gegenüber. Abel war sich bewusst, dass er ein Sünder war und dass es notwendig war, die

Sünde zu sühnen. Er benutzte Gottes Weg, indem er das Blut eines Opfertieres vergoss und dabei Gott vertraute, ihm zu vergeben. Kain war ganz anders. Er ignorierte bewusst die Folgen des Sündenfalles. Mit seinem Opfer von Früchten erkannte er Gott lediglich als Schöpfer und Erhalter des Lebens an, wohingegen der rettende Glaube in erster Linie ein Glaube an die erlösende Liebe Gottes ist.

Kain war sehr wütend, dass Gott sein Opfer ablehnte, und dieser Ärger wandte sich gegen seinen Bruder. Gott warnte ihn sowohl wegen der Folgen seines wertlosen Opfers, als auch wegen seines brennenden Zorns: *»... so lauert die Sünde vor der Tür, und ihr Verlangen ist auf dich gerichtet; du aber sollst über sie herrschen!«* (Vers 7). Tragischer war, dass Kain die Sünde nicht beherrschen konnte. Das Resultat davon war der Mord an seinem Bruder.

DAS EVANGELIUM

In 1. Mose 3 und 4 haben wir eine einfache, aber deutliche Darstellung des Evangeliums. Die ganze Menschheit sündigt seit Adam, und die Sünde wird mit dem Tod bezahlt. Entweder muss ich, der Sünder, diese Strafe akzeptieren und somit Tod und Hölle erleiden, oder jemand anderes. Ein unschuldiger Stellvertreter, auf den der Tod keinen Anspruch hat, muss diese Strafe an meiner Stelle bezahlen. Jesus ist dieser Stellvertreter. Gott hat auf Ihn unsere Sünde und Schuld geladen, so dass wir uns Gott, wie damals Abel, mit dem richtigen Opfer nähern können. Mit Wohlwollen schaute Gott auf Abel und sein Opfer; und der Herr schaut mit Wohlwollen auf uns, wenn wir uns Ihm im Vertrauen auf den Sühnetod Jesu, des Lammes Gottes, nähern.

FRAGEN ZUM NACHDENKEN

- *Welche Folgen hatte der Sündenfall für diese Welt?*
- *Wie wird die Menschheit in 1. Mose 6,5 beurteilt?*
- *Warum wird Abels Opfer angenommen und Kains verworfen?*
- *Auf welches Opfer dürfen wir im Glauben vertrauen?*

SÜNDE HAT AUSWIRKUNGEN

Römer 1,18-32

Denn es wird geoffenbart Gottes Zorn vom Himmel her über alle Gottlosigkeit und Ungerechtigkeit der Menschen, welche die Wahrheit durch Ungerechtigkeit aufhalten. (Römer 1,18)

In diesem Abschnitt spricht Paulus von Menschen, denen Gott durch Jesus Christus nicht vollständig offenbart wurde. Dabei bezieht sich der Apostel nicht auf Gott, den Retter, sondern auf Gott als Schöpfer und Gesetzgeber, und Christus erwähnt Er überhaupt nicht. Es handelt sich um Menschen, die das Evangelium nie gehört hatten, aber trotzdem unter das Urteil und den Zorn Gottes gerieten. Für ihre Sünde hatten sie keine Entschuldigung (Vers 20), denn Gottes Selbstoffenbarung in der Natur war ausreichend genug, dass Menschen die Wahrheit über Ihn hätten wissen können (Verse 19-20).

Wenn nun der Zorn Gottes über diese Menschen gekommen war, wieviel mehr wird er über diejenigen von uns kommen, die den ganzen Reichtum der Wahrheit des Evangeliums gehört haben! Wenn diese keine Entschuldigung hatten, wieviel mehr werden wir keine Entschuldigung haben? Diese Menschen ließen das Gesetz Gottes völlig außer acht. Sie kannten die Wahrheit, unterdrückten sie aber (Vers 18), verdrehten sie und ignorierten sie schließlich. All dies zusammen führt unausweichlich zu der schrecklichen Situation, die in den Versen 21-23 beschrieben wird. Über diese Menschen kam der Zorn Gottes, aber nicht wie zu Noahs Zeiten mit einer Sintflut, oder wie bei Sodom und Gomorra mit Feuer und Schwefel. Gottes Zorn äußerte sich auf eine viel schrecklichere Weise, wie in den Versen 24, 26 und 28 beschrieben wird: *»Darum hat sie Gott auch dahingegeben …«* Gott zog Seine Hand, die die Sünde in Schranken hielt, zurück und ließ diese Menschen in der eigenen Sünde schwelgen.

DIE REALITÄT DER SÜNDE HEUTE

Obwohl diese Worte über Menschen geschrieben wurden, die vor Hunderten von Jahren lebten, könnten sie genauso gut die heutige Gesellschaft beschreiben:

1. Keiner will Gott anerkennen, geschweige denn Ihm danken. Wir erleben eine beinahe vollständige Ablehnung Gottes (Vers 21).

2. Die Menschen sind intelligent genug, um Menschen auf den Mond zu bringen, aber auch unvernünftig genug für all die Gewalt, Kriege und Verbrechen unserer Zeit (Vers 22).

3. Gott wird auch heute verachtet und in aller Öffentlichkeit verspottet. Und Jesus macht man zur Witzfigur und verhöhnt Ihn ohne Scheu (Vers 23).

4. Männer und Frauen zerstören ihren Körper mit Sex, Alkohol und Drogen (Vers 24).

5. Zügellose Homosexualität ist heute so himmelschreiend, wie sie in Sodom war (Verse 26-27).

6. In Ländern, die einst auf einer Basis christlicher Ethik aufgebaut waren, wird das Wissen um das Gesetz Gottes nicht mehr länger bewahrt, und allerlei neue Gesetze werden verabschiedet, die Dinge erlauben, welche Gott verbietet (Vers 28).

All dies trifft heute für Nationen zu, die sich einst christlich nannten. Es ist kein Wunder, dass auch wir den Zorn Gottes erfahren.

EINE GERECHTE STRAFE

Gottes Zorn ist das Resultat Seiner Abscheu über die Sünde, und Seine Entschlossenheit, Sünde zu strafen. Es ist Gottes Heiligkeit, die wegen der Verletzung Seines heiligen Gesetzes zum Handeln aufgerufen ist. Gott, der zutiefst und vollkommen heilig ist, kann Böses und Gutes nicht auf dieselbe Stufe stellen. Er kann sich nicht gleichzeitig sowohl über die Wahrheit als auch über die Lüge freuen. Gott ist heilig, und darum ist Gottes Gericht über alles, was nicht heilig ist, unumgänglich. Seine Heiligkeit macht darum die Hölle so unumgänglich, wie Seine Liebe den Himmel.

Gott entschuldigt die Sünde nie. Das Kreuz beweist das. Am Kreuz wird die Sünde bestraft, indem ein Stellvertreter, der Herr Jesus Christus, für die Schuld stirbt. Keine Sünde kann einfach entschuldigt werden; aber – Gott sei's gedankt! – sie kann in Christus vergeben werden.

Der springende Punkt in unserm Text ist, dass Gott immer mit der Sünde abrechnet. Er tut es jetzt in unserer Generation: Gottes heiliger Zorn trifft alle Menschen (Vers 18). Und Er wird es ein für allemal tun an dem Tag, den die Bibel den Tag des Gerichts nennt.

Gottes Zorn ist genauso real wie Seine Liebe; aber er ist nicht mit menschlichem Zorn vergleichbar. Gott ist nicht rachsüchtig, launisch oder unvernünftig. Sein Zorn ist eine angemessene und notwendige Reaktion auf moralisches Unrecht. Er ist ein unvoreingenommener Zorn gegen schuldige Sünder, und der Anlass für Gottes Zom kommt immer von Seiten des Menschen.

FRAGEN ZUM NACHDENKEN

- *Warum haben wir keine Entschuldigung für unser Verhalten?*
- *Wie drückt sich Sünde in unserer heutigen Generation aus?*
- *Was ist Gottes Zorn, und wie drückt er sich aus?*
- *Warum kann Gott nicht einfach über unsere Sünde hinwegsehen?*
- *Zu welchem Zeitpunkt wird dies am deutlichsten?*

NIEMAND IST GUT

Römer 3,1-20

Es ist keiner gerecht, auch nicht einer.
(Römer 3,10)

In Vers 10 unseres Textes erklärt Paulus, dass es niemanden gibt, der gerecht ist; und damit kein Missverständnis aufkommt, erklärt er mit folgenden Worten, was er meint: »*... auch nicht einer*«. Dasselbe betont er nochmals in Vers 12: »*Da ist keiner, der Gutes tut, da ist auch nicht einer!*«

Eigentlich ist es deutlich genug, was der Apostel sagt; aber vielleicht sind wir dazu geneigt, zu denken, dass es eine absurde Verallgemeinerung sei: »Paulus geht hier zu weit, denn wir kennen viele gute Menschen. Was ist mit Leuten wie Mutter Theresa u. a., die ihr Leben dafür opferten, den Armen zu helfen?« Auf den ersten Blick sieht es vielleicht ganz danach aus, als ob Paulus hier falsch liege. Aber das, was er hier sagt, ist ein Zitat aus Psalm 14. Liegen nun beide, Paulus und David, falsch? Wenn dem so wäre, dann träfe das auch auf Jesus zu, denn Er hat in Markus 10,18 genau dasselbe gesagt: »*Niemand ist gut als Gott allein!*«

WAS HEISST »GUT«?

Offensichtlich gibt es da einen Unterschied zwischen dem, wie wir dieses Wort gebrauchen, und der Art, wie Jesus, Paulus und David es benutzten. Das ist genau das, was Jesus zu dem jungen Mann sagte, der zu Ihm kam und Ihn fragte: *»Guter Meister, was soll ich tun, um das ewige Leben zu erben?«* Die Vorstellung dieses Mannes von »gut sein« ist typisch für viele Menschen heutzutage. Er hatte nur einen unbedachten Blick auf sein Leben geworfen und war mit dem äußeren Erscheinungsbild ziemlich zufrieden. Als Jesus zu ihm sagte, dass niemand außer Gott gut ist, traf unser Heiland dabei die Wurzel der weit verbreiteten Vorstellung, dass jeder Mensch »gut« sein kann, wenn er sich nur anstrengt.

Unsere Definition von dem, was gut ist, vergleicht lediglich eine Person mit einer anderen oder mit dem, was die Gesellschaft für richtig und angemessen hält. Gottes Definition vergleicht uns mit Seinem heiligen, sündlosen Selbst. Nach diesem Maßstab liegen Psalm 14 und Römer 3 absolut richtig: Alles Gute kommt aus einer lebendigen Beziehung mit Gott. Deshalb wird Barnabas in der Apostelgeschichte 11,24 ein guter Mann genannt; denn er war mit dem Heiligen Geist und Glauben erfüllt.

Wohin führt uns das? Machen wir immer noch denselben Fehler wie der junge Mann in Markus 10? Oder sehen wir langsam, wie wahr es ist, wenn Jesus, Paulus und David sagen, dass niemand gut ist?

UNANNEHMBAR FÜR GOTT

Was bedeutet das ganz praktisch? Das heißt, dass niemand aufgrund seiner eigenen Verdienste bei Gott angenommen werden kann. Es bedeutet sogar, dass wir, uns selbst überlassen, Gott nie verstehen oder suchen würden (Vers 11). Wir hätten keinen Frieden mit Gott (Vers 17) und auch keine Ehrfurcht vor Ihm (Vers 18). Es bedeutet, dass Sie, so wie Sie sind, für Gott unannehmbar sind. Egal, was Sie tun, Gott wird Sie nie als gut oder gerecht ansehen (Vers 20). Das ist der schreckliche Zustand, in den die Sünde uns alle hineingebracht hat. Die meisten Sünder lehnen sich sehr gegen diese biblische Wahrheit auf, wenn sie zum ersten Mal damit konfrontiert werden. Sie greift natürlich unseren Stolz und unser Selbstwertgefühl an; aber wir müssen sie ernst nehmen.

Stellen Sie sich vor, Sie haben ein neues Radio gekauft. Sie nehmen es mit nach Hause und schalten es an, aber der Empfang ist schlecht. Es gibt so viele Störungen, dass Sie die Sendungen nicht deutlich hören können. Deshalb bringen Sie es zum Geschäft zurück und sagen: »Das Radio funktioniert nicht so, wie es eigentlich soll. Es erfüllt nicht die Aufgabe, für die es gemacht wurde. Der Standard dieses Radios ist inakzeptabel. Es ist nicht gut genug.« Gott sieht uns in der gleichen Weise. Als Er den Menschen geschaffen hatte, sagte Er: *»... sehr gut!«* (1. Mose 1,31). Dann kam die Sünde, und Gott sagt nun über die Menschen: »Kein einziger ist gut.«

Der Mensch tut nicht, wozu er geschaffen wurde, nämlich mit Gott zu leben und sich an Ihm zu erfreuen.

»Nicht gut« bedeutet, dass wir für Gott untragbar sind. Aber Gott kann uns nicht in ein Geschäft zurückbringen und uns eintauschen, wie wir es mit einem defekten Radio tun. Was tut Gott dann? Er macht uns akzeptabel, indem Er uns eine Rechtschaffenheit, eine Gerechtigkeit gibt, die nicht unsere eigene ist. Das sagt uns Paulus in den Versen 21 und 22. Und wir werden in den folgenden Kapiteln nochmals auf die Bedeutung dieser Verse zurückkommen.

Denken Sie bitte genau darüber nach, was Gott im obigen Bibelabschnitt sagt. Glauben Sie es, und hören Sie auf zu argumentieren, dass Sie nicht so schlecht seien wie einige andere Leute. Sie sind ein Sünder; vergessen Sie die andern für einen Moment. Diese Sünde bringt Sie unter den Zorn Gottes. Die Beweislage ist überwältigend; und Sie sollten aufhören, Ihre Unschuld zu beteuern (Vers 19). Sie sind schuldig vor Gott. Stattdessen sollten Sie anfangen, zu Gott zu rufen, um die Barmherzigkeit zu erlangen, die uns Paulus im Rest von Römer 3 beschreibt!

FRAGEN ZUM NACHDENKEN

- *Welchen Maßstab legt Paulus an, wenn er schreibt, dass niemand gut ist?*
- *Wer ist gut?*
- *Warum haben wir solche Probleme, zu akzeptieren, dass wir nicht gut sind?*
- *Können Sie aufrichtig sagen, dass Sie nach Gottes Maßstab gut sind?*
- *Welchen Ausweg zeigt uns Paulus in Kapitel 3?*

GUT SEIN ALLEIN GENÜGT NICHT

Apostelgeschichte 10,1-48 und 11,1-18

Von diesem legen alle Propheten Zeugnis ab, dass jeder, der an Ihn glaubt, durch Seinen Namen Vergebung der Sünden empfängt. (Apostelgeschichte 10,43)

Trotz allem, was wir im vorigen Text gesehen haben, beharren viele Leute immer noch darauf, dass sie ihr Heil durch das Einhalten religiöser Vorschriften verdienen könnten. Oder sie meinen, dass das Heil der Verdienst eines moralischen und gesellschaftlich aktiven Lebens sei. Die Auffassung, dass man sich sein Heil selbst verdienen könne, hat viele Anhänger.

In den Kapiteln 10 und 11 der Apostelgeschichte wird uns die Geschichte von Kornelius erzählt. Und wenn je ein Mensch »gut« gewesen ist, dann dieser. Wenn je ein Mensch durch seine eigenen Taten hätte gerettet werden können, dann dieser. Aber wie uns Kapitel 11 Vers 14 zeigt, musste auch er durch das Hören der frohen Botschaft gerettet werden.

EIN AUFRICHTIGER MANN

Kornelius war ein römischer Offizier von Rang und Namen (10,1). Aber, was weitaus wichtiger ist: Es wird uns gesagt, dass er fromm und gottesfürchtig war. Er tat viel für die Hilfsbedürftigen und Armen und betete regelmäßig zu Gott (10,2). Er glaubte an den einen Gott, den Schöpfer von Himmel und Erde, und er trachtete danach, Ihn anzubeten und sein Leben in aufrichtiger und gebührender Ehrfurcht vor Ihm zu leben. Er war ein tief religiöser Mann, nicht nur gelegentlich oder dem Namen nach.

Hier ist also ein Mann, fromm und gottesfürchtig. Trotzdem ist er ein noch unwissender Mensch, der auf der Suche nach Gott ist. Aus Kapitel 10, Vers 4 wird deutlich, dass Gott die Gebete dieses suchenden Mannes erhörte. In Seiner Liebe und Barmherzigkeit veranlasst Er, dass Kornelius Petrus trifft und die Rettungsbotschaft – das Evangelium – hört. Ein Engel hatte zu ihm gesprochen: »... *der (Petrus) wird Worte zu dir reden, durch die du gerettet werden wirst, du und dein ganzes Haus«* (11,14). Das ist ein sehr wichtiger Vers. Nicht sein gutes Leben und seine aufrichtigen, religiösen Überzeugungen retten Kornelius, sondern das Evangelium von Jesus Christus. Mit andern Worten: Obwohl Kornelius fromm und gottesfürchtig ist, behandelt Gott ihn dennoch als Sünder, weil er trotz all seiner guten Werke immer noch ein Sünder ist und die Erlösung braucht.

Hier ist ein bemerkenswerter Mann. Falls Gott je einen Menschen ohne Glauben an Jesus Christus hätte annehmen können, dann Kornelius. Es wäre schwierig, einen besseren Menschen zu finden;

aber für Gott ist und bleibt er ein Sünder, der das Evangelium hören und ihm glauben muss.

WAS HEISST »GERETTET SEIN«?

»Gerettet sein« heißt zuallererst: Von unserer Schuld und der Strafe, die wir auf uns gezogen haben, befreit zu sein. Die Bibel sagt, dass alle gesündigt haben, weshalb auch alle gerettet werden müssen. Aber wie kann ein Sünder gerettet werden?

Paulus erklärt uns in Epheser 2, dass Errettung durch Gnade im Glauben an Jesus Christus geschieht.

Römer 10 sagt, der Glaube komme durch das Hören auf Gottes Wort. Im normalen Verlauf der Dinge wäre es nicht sehr wahrscheinlich gewesen, dass Kornelius das Evangelium gehört hätte. Gott setzt nun aber eine Reihe außerordentlicher Ereignisse in Bewegung, um sicherzustellen, dass dieser Mann die Wahrheit hört. Zunächst ist da die Engelsvision, die Kornelius hatte (10,3-6). Und dann hat Petrus die erstaunliche Vision eines Leinentuchs, das vom Himmel herabkommt (10,9-16). Beide Ereignisse waren dazu bestimmt, Petrus willig zu machen, das Evangelium auch zu Heiden zu bringen, obwohl er ein Jude war. Und Kornelius würde aufgrund seiner Vision dem, was Petrus zu sagen hatte, viel aufmerksamer zuhören.

Wieso hat Gott all das getan? Aus einem einzigen Grund: weil Sünder das Evangelium hören müssen! Es sind Worte, nicht Taten, die erretten – aber es müssen Worte ewigen Lebens sein, die wiederum nur in der Botschaft von Jesus gefunden werden.

Glauben Sie mir: Sie können nichts tun, um sich selbst zu retten. Diese Wahrheit wird uns im Leben des Kornelius deutlich vor Augen geführt. Aber wenn niemand sich selbst retten kann, dann bleibt auch für Sie, wie für diesen römischen Offizier, nur noch das Evangelium. Aber Sie könnten in keiner besseren Position sein, vorausgesetzt, Sie hören das Wort Gottes wie Kornelius: *»So sind wir nun alle gegenwärtig vor dem Angesicht Gottes, um alles zu hören, was dir von Gott aufgetragen ist!« (10,33)*

Es gibt drei entscheidende Punkte, die zur Bekehrung des Kornelius führten:

1. Die Güte Gottes, die das Evangelium zu ihm brachte.

2. Die klare Verkündigung des Evangeliums durch Petrus.

3. Das Verlangen, auf Gottes Wort zu hören und sich dessen Autorität zu unterstellen.

FRAGEN ZUM NACHDENKEN

- *Was für ein Mann war Kornelius ?*
- *Konnte ihn seine Frömmigkeit und sein gutes Leben retten?*
- *Was tut Gott, und wieso?*
- *Welche drei Punkte waren entscheidend für die Bekehrung dieses römischen Offiziers?*
- *Haben Sie die Möglichkeit, das Evangelium zu hören?*
- *Sind Sie bereit, dem Evangelium zu gehorchen?*

KAPITEL 5

Die ERLÖSUNG – GOTTES WEG

Ein erstes alttestamentliches Bild: DER VERSÖHNUNGSTAG

3. Mose 16,1-10

Dann soll er von der Gemeinde der Kinder Israels zwei Ziegenböcke nehmen als Sündopfer und einen Widder als Brandopfer. (3. Mose 16,5)

Gottes Weg der Erlösung begann nicht erst im Neuen Testament, als Jesus in die Welt kam. Von Zeit zu Zeit hatte Gott gewisse Handlungen während der Zeit des Alten Testaments dazu angeordnet und bestimmt, ein Hinweis auf die Dinge zu sein, die Jesus nach Seinem Kommen tun würde. Beispielsweise wird der im obigen Text beschriebene Versöhnungstag im Hebräerbrief in den Kapiteln 9 und 10 ganz klar als Sinnbild für den Tod unseres Erlösers ausgelegt.

SICH GOTT NÄHERN

Das Allerheiligste war der heiligste Ort in der »Stiftshütte« oder dem »Zelt der Zusammenkunft«, das Gott in der Wüste Sinai als zentralen Anbetungsort erbauen ließ. Das Allerheiligste war ein kleiner Raum, in dem die Bundeslade stand. Darin wurden ein Krug voller Manna, der Stab Aarons und die Gesetzestafeln aufbewahrt. Der Deckel der Bundeslade wurde auch Gnadenthron genannt, und in diesem kleinen Raum wurde die Gegenwart Gottes in besonderer Weise erfahren. Deshalb konnte man nicht leichtfertig dort eintreten. Nur der Hohepriester war dazu befugt, und dies auch nur einmal jährlich, am Versöhnungstag. Wenn er sich dem Gnadenthron in der von Gott vorgeschriebenen Weise näherte, dann kam ein großer Segen auf das Volk; aber wenn er sich Ihm irgendwie anders näherte, bedeutete dies seinen Tod.

Der erste Vers im obigen Abschnitt zeigt uns, was für eine ernste Sache es war, sich dem heiligen Gott zu nähern. Die Söhne Aarons, Nadab und Abihu, waren Priester in Israel. Aber dies bedeutete nicht, dass sie sich Gott nähern konnten, wie sie wollten. In 3. Mose 10,1 wird uns gesagt, dass sie unerlaubtes Feuer vor den Herrn brachten, entgegen Seinem Gesetz. Was das genau mit einschloss, wissen wir nicht; aber sie näherten sich Gott nicht so, wie Er es vorgeschrieben hatte, und deshalb starben sie. In 3. Mose 16,2 warnt Gott Aaron, dass er nicht ins Allerheiligste kommen darf, wann immer er dies wünsche, sonst werde er auch sterben. Gott wollte deutlich machen, dass man sich Ihm nur nach Seinen Bedingungen nähern darf. Er ist Gott und möchte so angebetet werden, wie Er es will.

Was wir in diesem Abschnitt lesen, mag für uns heute befremdend klingen; aber es symbolisiert zwei sehr wichtige Wahrheiten, die heute noch genauso von Bedeutung sind wie in den Tagen, als das 3. Buch Mose geschrieben wurde: die unaussprechliche Heiligkeit Gottes und die tiefe Sündhaftigkeit des Menschen.

Gott möchte, dass wir zu Ihm kommen; aber unsere Sünde ist ein enormes Problem, das zuerst gelöst werden muss. Das alttestamentliche Opfersystem wurde von Gott eingesetzt, um die Menschen daran zu erinnern, dass ihre Sünde einer Schranke gleicht. Das Opfern von Ochsen, Ziegen und Lämmern war ein symbolischer Akt, um den Sünder zu reinigen, und hatte einen gemeinsamen Faktor: *»... ohne Blutvergießen geschieht keine Vergebung«* (Hebr. 9,22). Das Tieropfer konnte zwar nicht richtig mit der Sünde fertig werden; aber es diente dazu, die Menschen an die Tatsache der Sünde zu erinnern (Hebr. 10,3-4).

ZWEI ZIEGENBÖCKE

Verschiedene Dinge fanden am sogenannten Versöhnungstag statt; aber wir wollen uns auf die zwei Ziegenböcke, die in den Versen 7-10 erwähnt sind, konzentrieren. Der eine wurde getötet und sein Blut vom Hohenpriester, dem obersten Priester, mit ins Allerheiligste genommen und dort auf den Gnadenthron gesprengt. Das symbolisierte das Abwenden des Zornes Gottes von der Schuld der Menschen. Gnade statt Gericht traf nun den Sünder.

Der andere Ziegenbock, der Sündenbock genannt wurde, wurde zum Hohenpriester gebracht, der seine Hände auf den Kopf des Tieres legte und dabei die Sünden des Volkes bekannte. So wurden die Sünden symbolisch auf den Sündenbock geladen; und als der Ziegenbock in die Wüste geschickt wurde, nahm er die Sünden des Volkes weg (Verse 20-22).

All das waren symbolische Handlungen, bzw. äußere Vorschriften, die bis zum Kommen einer neuen Anordnung galten, wie es in Hebräer 9,10 heißt. Diese neue Anordnung kam mit Jesus Christus. Was am Versöhnungstag symbolisch geschah, wurde in Christus Realität. Der Tod unseres Erlösers ist das einzige Opfer, das Gott nun anerkennt. Als Jesus am Kreuz starb, tat Er, was beide Ziegenböcke symbolisierten: Er wandte den Zorn Gottes von uns ab und nahm unsere Sünden weg. Sein Opfer geschah ein für alle Mal (Hebr. 10,10).

Wenn sich heute Menschen Gott nähern, so führt der einzige Weg, den der heilige Gott akzeptiert, über den Herrn Jesus Christus. Wir müssen wissen, dass Er ein für alle Mal mit unseren Sünden fertig geworden ist. Nur so können wir mit Zuversicht in die Gegenwart Gottes kommen.

FRAGEN ZUM NACHDENKEN

- *Welche Bedeutung haben die von Gott eingesetzten Handlungen im Alten Testament?*
- *Worauf legt Gott sehr großen Wert, wenn wir zu Ihm kommen möchten?*
- *Welche Bedeutung haben die beiden Ziegenböcke?*
- *Wie erfüllt Jesus das, was sie symbolisieren?*

Ein zweites alttestamentliches Bild:
DAS PASSAHLAMM
2. Mose 12,1-13.21-28

Der HERR wird umhergehen und die Ägypter schlagen. Und wenn Er das Blut sehen wird an der Oberschwelle und an den beiden Türpfosten, so wird Er, der HERR, an der Tür verschonend vorübergehen und den Verderber nicht in eure Häuser kommen lassen, um zu schlagen. (2. Mose 12,23)

Gott war entschlossen, Sein Volk aus der Knechtschaft Ägyptens zu befreien. Wiederholt sandte Er die Botschaft »*Lass mein Volk ziehen!*« (2. Mose 10,3) an den Herrscher Ägyptens. Der Pharao weigerte sich zu gehorchen, sogar dann noch, nachdem Gott Ägypten neun schreckliche Plagen gesandt hatte. Der Herr war mit diesem hartherzigen Ägypter geduldig, aber nun sprach der Herr zu Mose: »*Ich will noch eine Plage über den Pharao und über Ägypten bringen; danach wird er euch fortziehen lassen; und wenn er euch ziehen lässt, so wird er euch sogar ganz und gar fortjagen*« (2. Mose 11,1). Die zehnte Plage bestand darin, dass in einer bestimmten Nacht der Todesengel vom Herrn ausgesandt würde, um die erstgeborenen Söhne in allen ägyptischen Häusern zu töten.

Allerdings würde Gott bei diesem schrecklichen Ereignis Sein Volk beschützen. Der Herr wollte einen Unterschied zwischen Ägyptern und Israeliten machen (2. Mose 11,7). Aber dies würde nicht automatisch geschehen. Um von dieser Vorkehrung der Gnade Gottes zu profitieren, mussten die Israeliten sich so verhalten, wie Gott es in 2. Mose 12,3-11 angeordnet hatte.

DAS BLUT

Die Israeliten mussten ein Lamm schlachten und dessen Blut an die Türrahmen ihrer Häuser streichen. Diese Vorkehrung war für ihre Bewahrung vor dem Engel des Todes alles entscheidend. Gott sagte: *»Das Blut soll euch zum Zeichen dienen an euren Häusern, in denen ihr seid. Und wenn Ich das Blut sehe, dann werde Ich verschonend an euch vorübergehen; und es wird euch keine Plage zu eurem Verderben treffen, wenn Ich das Land Ägypten schlagen werde«* (2. Mose 12,13).

Die Erstgeborenen in den israelitischen Häusern wurden in dieser Nacht vom Gericht Gottes verschont – nicht einfach, weil sie Israeliten waren, sondern weil sie unter dem Blut des Passahlammes Schutz suchten. Der Unterschied, den Gott zwischen diesen beiden Völkern machte, war nicht nationaler, kultureller oder gar religiöser Art. Der Unterschied bestand im Gehorsam gegenüber Gott, der den Israeliten Seine Absicht klar gemacht und ihnen Gnade angeboten hatte. Der rettende Unterschied zwischen Ägyptern und Israeliten war das Blut an den Türrahmen; denn Gott hatte versprochen: *»Wenn Er das Blut sehen wird an der Oberschwelle und an den* *beiden Türpfosten, so wird Er, der HERR, an der Tür verschonend vorübergehen.«* (Vers 23)

CHRISTUS – UNSER PASSAHLAMM

Anhand einiger Hinweise im Neuen Testament erkennen wir die Bedeutung des alttestamentlichen Passahs für uns heute. Keine Stelle im Neuen Testament ist so deutlich wie 1. Korinther 5,7. Dort schreibt Paulus, dass Jesus Christus als unser Passahlamm geopfert wurde. Der Apostel will damit sagen, dass Gott die alttestamentliche Vorkehrung dazu bestimmt hatte, ein Bild für die Bedeutung des Todes Christi zu sein – ein Bild, das wir auch heute noch betrachten können: Jesus ist das Lamm Gottes, das Sein Blut vergoss, um uns von der Sünde zu erlösen. Der Apostel Petrus sagt uns deutlich, dass wir durch Sein eigenes, kostbares Blut, das Er als unschuldiges, reines Lamm Gottes für uns geopfert hat, befreit sind (1.Petr. 1,18-19).

Das ursprüngliche Passah erlöste die Israeliten vom Gericht Gottes und hat sie frei gemacht, um in einem neuen Leben wandeln zu können. Sie waren nicht mehr länger Sklaven, sondern freie Männer und Frauen, die sich an der Fürsorge und Barmherzigkeit Gottes erfreuen konnten. Deshalb befreit uns der Tod Christi, unseres Passahlammes, von der Schuld und der Strafe unserer Sünde. In Christus haben wir neues Leben und können alles, was Gott Seinem Volk versprochen hat, im Glauben empfangen.

Wenn jemand Christ werden möchte, so muss dies demnach auf die Art und Weise geschehen, die Gott festgelegt hat. Der Herr sagt nicht: »Wenn Ich deine Freundlichkeit und Großzügigkeit und dein religiöses Leben sehe, dann werde Ich im Gericht an dir vorbeigehen und dir alle deine Sünden vergeben.« Nein, Gottes Weg der Erlösung geht über den Sühnetod am Kreuz. Erlösung geschieht nur durch das Blut Christi und nicht durch unsere eigenen Werke.

Auf uns heute übertragen, besteht die Parallele zum Schutzsuchen unter dem Blut im alleinigen Vertrauen auf den Tod Jesu Christi, der uns bei Gott annehmbar macht. Wenn wir dies tun, wird Gottes Gericht an uns vorübergehen, und unsere Sünde und Schuld sind dann ganz vergeben.

FRAGEN ZUM NACHDENKEN

- *Was mussten die Israeliten tun, um vor der 10. Plage verschont zu werden?*
- *Worin bestand letztendlich der Unterschied zwischen Ägyptern und Israeliten?*
- *Wen versinnbildlicht das Passahlamm?*
- *Wovor bewahrt uns Jesus? Wie wird uns Seine Bewahrung zuteil?*

Eine alttestamentliche Prophetie:
VON GOTT VERLASSEN
Psalm 22,1-32

Mein Gott, Mein Gott, warum hast Du Mich verlassen? Warum bleibst Du fern von Meiner Rettung, von den Worten Meiner Klage? (Psalm 22,2)

Dieser Psalm wurde von David etwa 1000 Jahre vor der Geburt Jesu geschrieben, und doch ist er mehr als die Beschreibung einer Erfahrung Davids. Er ist eine Prophetie und beschreibt gleichzeitig, was mit dem Messias geschehen wird, der erst noch kommen sollte. »Messias« ist ein hebräisches Wort, gleichbedeutend dem griechischen Wort »Christus«. Jesus Christus ist der Messias, von dem dieser Psalm spricht, und Er würde all das erleiden, was in Psalm 22 beschrieben ist. Vergleichen Sie Vers 2 dieses Psalms mit Matthäus 27,46; dann vergleichen Sie die Verse 8 und 9 mit Matthäus 27,41-44 und ebenso Vers 19 mit Matthäus 27,35!

VON GOTT VERLASSEN (VERSE 1-6)

Jesus hat diese Worte nicht nur am Kreuz zitiert; Er hat sie auch durchlebt. David sagte in Psalm 37, dass er nie gesehen hat, dass ein Gerechter je verlassen worden wäre. Und über Jahrhunderte hindurch konnte das Volk Gottes bezeugen, dass Gott absolut treu ist. Aber es gibt niemanden, der gerechter war als Jesus; dennoch wurde Er von Gott verlassen. In Psalm 22,5 wird eine Erfahrung beschrieben, die für Gottes Volk ziemlich normal war: Sie vertrauten auf Gott, und Er half ihnen. Aber weshalb wurde dann Christus von Gott verlassen?

Die Erklärung finden wir in Vers 4: Gott ist der Heilige. In unseren bisherigen Bibelarbeiten haben wir schon etwas von der Heiligkeit Gottes gesehen. Gottes Heiligkeit dürfen wir bei unserem Nachdenken über Gott niemals in Vergessenheit geraten lassen, sonst stehen wir in der Gefahr, Gottes wahren Charakter zu vergessen! Dies würde dann zwangsläufig dazu führen, dass wir die Art und Weise, wie Er handelt, nicht verstehen können.

Der heilige Gott hat unsere Sünde und Schuld auf Seinen Sohn gelegt, und Jesus, unser Stellvertreter, hat sie allein getragen. Am Kreuz ertrug Er wegen unserer Sünde den Zorn und das Gericht Gottes. Deshalb wandte Gott sich von Ihm ab. Die Bibel sagt: Gott ist so heilig, dass Seine Augen zu rein sind, um Böses anschauen oder Unrecht mit ansehen zu können (Habakuk 1,13). Somit wurde Christus, als Er unsere Sünden trug, allein gelassen, um in der großen Kelter des Zornes Gottes mit Füßen getreten zu werden. Es gab keinen Engel, um Ihm zu helfen; keinen Freund, um Ihn zu trösten; keinen Heiligen Geist, Ihn zu beruhigen; kein Lächeln eines himmlischen Vaters, um Ihn zu ermutigen. Christus hing ganz allein am Kreuz mit unseren Sünden, dem ganzen Hass der Welt und der Hölle ausgesetzt; aber viel schlimmer noch: dem heiligen Gericht des Herrn über die Sünden Seines Volkes war Er ausgesetzt.

DIE EINSAMKEIT UND QUAL AM KREUZ (VERSE 7-22)

Jesus ist der Herr der Herrlichkeit, das Ebenbild Gottes; und doch beschreibt Er sich Selbst in Vers 7 als einen Wurm – nicht einmal als einen Menschen! Es ist die Sünde, unsere Sünde, die das bewirkte.

In den Versen 8 und 9 sehen wir, wie die Sünde in Hass und Verachtung gegen Jesus ausbricht. In den Versen 15-18 werden uns die physischen Qualen gezeigt, die Christus am Kreuz erleiden musste. Das ist der Preis für unsere Erlösung. Das ist es, was Sünde bewirkt. Am Kreuz sehen wir den Hass des Menschen gegen Gott; aber wir sehen ebenso den Hass Gottes gegen Sünde, und wie der Heilige mit dem Stellvertreter der Sünder umgeht. Sünde ist ein Verletzen der Heiligkeit Gottes. Sie trennt den Menschen von Gott und lässt ihn allein zurück – ohne Hoffnung in dieser Welt.

ERLÖSUNG (VERSE 23-32)

Golgatha ist vorbei, und wir sehen jetzt etwas vom Sieg Christi. Das Klagen, das wir in Vers 2 vernommen haben, verwandelt sich in Vers 25 in eine freudige Gewissheit: Er hat Sein Gesicht nicht von Ihm abgewandt, sondern hat Seinen Hilfeschrei gehört. Das Verlassensein war ganz real, aber zeitlich begrenzt; und nun kann Er sich wieder an der Gemeinschaft mit dem himmlischen Vater erfreuen. Mit unserer Sünde ist Christus fertig geworden, und der göttlichen Gerechtigkeit ist Rechnung getragen worden! Nun bricht die göttliche Liebe in Lob (Vers 23) und Anbetung (Vers 29) aus.

Beachten Sie besonders auch die letzte herrliche Botschaft der Verse 31 und 32! Allen kommenden Generationen soll etwas erzählt werden. Was soll ihnen erzählt werden? Es soll ihnen erzählt werden, was Jesus am Kreuz getan hat. Es wird ihnen erzählt werden von Gottes Liebe und Gnade und Barmherzigkeit, und wie Gott unsere Erlösung vollbringt durch den Tod Jesu stellvertretend für uns.

Sicher haben Sie gemerkt, dass sich dieses Buch immer wieder mit demselben Thema beschäftigt hat: Jesus Christus, der stellvertretend für uns durch Gottes Hand am Kreuz stirbt. Das ist die gute Nachricht des Evangeliums. Was gedenken Sie damit zu tun? Folgen Sie dem Ratschlag von Vers 27 und suchen Sie den Herrn, wenn Sie es nicht schon getan haben! Suchen Sie Ihn zur Vergebung all Ihrer Sünden! Suchen Sie Ihn wegen der Liebe und Gnade, die Sie errettet. Und sprechen Sie mit anderen über diese Erlösung, denn es ist ihre einzige Hoffnung auf ein ewiges Leben!

FRAGEN ZUM NACHDENKEN

- *Wessen Erfahrungen werden in Psalm 22 beschrieben?*
- *Warum musste Jesus die Qualen des Kreuzes durchleben?*
- *Was für Qualen erlitt Jesus am Kreuz von Golgatha?*
- *War das Kreuz das Ende?*
- *Wovon können die weitererzählen, die ihr Leben Jesus anvertraut haben?*

DER FLUCH DES GESETZES

Galater 3,1-14

Das Gesetz aber ist nicht aus Glauben, sondern: »Der Mensch, der diese Dinge tut, wird durch sie leben«. Christus hat uns losgekauft von dem Fluch des Gesetzes, indem Er ein Fluch wurde um unsertwillen (denn es steht geschrieben: »Verflucht ist jeder, der am Holz hängt«). (Galater 3,12-13)

Wir haben schon gesehen, dass das größte Problem des Menschen seine Sünde und Schuld vor dem heiligen Gott ist. Die Sünde ist deshalb ein Problem, weil sie uns unter den Fluch des Gesetzes stellt. Der Fluch des Gesetzes ist die gerechte Strafe für alle, die das Gesetz Gottes übertreten. Wir haben alle dieses Gesetz übertreten; deshalb sind wir auch alle unter seinem Fluch, und ohne dass wir von diesem Fluch befreit werden, gibt es keine Errettung. Wir können nicht unter dem Fluch des Gesetzes und gleichzeitig für Gott annehmbar sein. Was ist also die Antwort auf dieses Problem?

Paulus gibt uns in unserem Abschnitt die Antwort. Sie besteht nur aus einem Wort: Christus. Christus ist die Antwort, weil Christus *Gottes* Antwort ist. Die Antwort des Menschen ist immer das Gesetz, d. h. seine eigenen Anstrengungen. Aber das funktioniert nicht. Unsere Unfähigkeit, Gottes Gesetz zu halten, ist ja gerade unser Problem. In

Vers 10 zitiert Paulus aus 5. Mose 27,26 und legt das Problem dar: Wir sind unter dem Fluch, wenn wir es nicht immerfort einhalten. Das Gesetz immerfort einzuhalten heißt, *immer und alles* zu tun, was das Gesetz von uns fordert, das heißt, nie zu versagen. Gottes Gesetz lässt kein Versagen zu. Wir müssen jeden Augenblick unseres Lebens absolut gehorsam sein; andernfalls werden wir für schuldig befunden. Wenn das der Maßstab für unser Leben ist, haben wir keine Hoffnung.

Unsere einzige Hoffnung ist Gottes Gnade und Barmherzigkeit. Weil Gott uns liebt, sandte Er den Herrn Jesus Christus in diese Welt, um uns vom Fluch des Gesetzes zu erlösen.

CHRISTUS WURDE EIN FLUCH

Die Aussage in Vers 13, dass Christus für uns ein Fluch wurde, gehört wohl zu den erstaunlichsten, die in der ganzen Bibel gemacht werden. Sie unterstreicht eine Lehre, die die Bibel immer und immer wieder lehrt: dass Christus nämlich stellvertretend für Sein Volk stirbt. Wenn Paulus die Tatsache unterstreicht, dass Christus zum Fluch wurde, so erinnert er uns daran, dass Christus – ganz im Gegensatz zu uns – nicht unter dem Fluch des Gesetzes stand. Wir haben gesehen, dass Jesus sündlos war. Dies würde normalerweise bedeuten, dass es unmöglich war, dass Er unter den Fluch des Gesetzes kommt. Aber als Gott unsere Sünde und Schuld auf Ihn lud, hatte das zur Folge, dass der Sohn Gottes zu einem Fluch wurde. Das heißt: zu einem Fluch *»um unsertwillen«*. Er wurde für unsere Sünde verantwortlich gemacht, und deshalb wurde auch unser Fluch auf Jesus übertragen.

DAS HOLZ

Erklärend zitiert Paulus erneut aus dem fünften Buch Mose: *»(Von Gott) verflucht ist jeder, der am Holz hängt«* (Vers 13). Dieser alttestamentliche Vers ist eine Weissagung auf die Kreuzigung Jesu. Zur Zeit Moses war aber die Hinrichtungsart durch Kreuzigen noch nicht bekannt. Die Leichname von hingerichteten Kriminellen wurden nachträglich an ein Holz gehängt, um den Fluch Gottes zum Ausdruck zu bringen. Das war das Schrecklichste, was ihnen widerfahren konnte. Es war ein Symbol dafür, dass jemand von Gott verworfen war.

Ein Holz ist nicht gleich ein Kreuz, aber dennoch sprechen die neutestamentlichen Schreiber an fünf Stellen von dem Kreuz als einem Holz (Gal. 3,13; 1.Pt. 2,24; Apg. 5,30; 10,39; 13,29). Sie tun dies, um den Tod Jesu mit 5. Mose 21,23 in Verbindung zu bringen. Sie betonen die Tatsache, dass Jesus am Kreuz stellvertretend für uns zum Fluch wurde. Er bezahlte die Strafe für unsere Gesetzesübertretungen. Durch Seinen Tod erlöst Er uns vom Fluch.

GLAUBE

In Vers 14 erklärt uns Paulus, weshalb Christus uns erlöst hat: »... *damit der Segen Abrahams zu den Heiden komme in Christus Jesus, damit wir durch den Glauben den Geist empfingen, der verheißen worden war.*«

Der größte Segen, der Abraham gegeben wurde, bestand darin, dass er Gott sagen hörte: »*Fürchte dich nicht, Abram, Ich bin dein Schild und dein sehr großer Lohn*« (1. Mose 15,1). Gott Selbst würde sein Schutz und sein sehr großer Lohn sein. Und weil Abraham Gottes Verheißungen glaubte und Gott ihm die Gerechtigkeit zugerechnet hatte, empfing er eine weitere Verheißung: »*In deinem Samen sollen alle Völker der Erde gesegnet werden, weil du Meiner Stimme gehorsam warst!*« (1. Mose 22,18). Dieser Same, so legt es Paulus im Vers 16 aus, ist Christus, durch den alle Völker mit dem gläubigen Abraham gesegnet werden sollten. Derselbe Segen wird auch uns durch Gottes Erlösung zuteil.

Und der Weg, diesen Segen zu erlangen – so betonen die Verse 14 und 18 –, ist allein durch Glauben; nicht unsere eigenen Anstrengungen, nicht unser »Gutsein«, nicht unsere Moral oder Religion, sondern der Glaube an das, was Christus für uns am Kreuz getan hat. Aber beachten wir, dass der Glaube kein Mittel ist, die Erlösung zu verdienen. Er ist vielmehr der von Gott bestimmte Weg, um das Geschenk der Erlösung zu empfangen. Der Glaube ist kein Schritt im Dunkeln, sondern genau das Gegenteil: Er ist ein Schritt aus der Dunkelheit in das Licht Christi. Der Glaube schaut allein auf Jesus. Er hat aufgehört, zu versuchen, sich selbst zu retten, sondern baut auf die Gnade und Liebe Gottes in Christus zur vollen Erlösung, die den Menschen nichts kostet.

Haben Sie diesen Glauben? Aufgrund dessen, wer Jesus ist und was Er für uns getan hat, ist der Glaube der einzig vernünftige Schritt. Glaube heißt, dass ich für alle Zukunft aufhöre, zu versuchen, mich selbst zu erretten. Kommen Sie mit Ihrer Schuld zu Jesus Christus! Er ist Gottes Antwort auf unser Sündenproblem.

FRAGEN ZUM NACHDENKEN:

- *Ist es möglich, Gottes Gesetz immer und vollkommen zu halten?*
- *Was passiert, wenn wir es nicht tun?*
- *Wie kann Paulus davon sprechen, dass Christus verflucht wurde, wenn Er doch ohne Sünde war?*
- *Was ist Glaube?*

GERECHTIGKEIT GOTTES

Römer 3,21-31

Denn alle haben gesündigt und verfehlen die Herrlichkeit, die sie vor Gott haben sollten, sodass sie ohne Verdienst gerechtfertigt werden durch Seine Gnade aufgrund der Erlösung, die in Christus Jesus ist. (Römer 3,23-24)

Das Hauptanliegen des Evangeliums ist nicht, die Menschen glücklich, sondern gerecht zu machen. Wir haben gesehen, dass niemand gerecht ist, dass es niemanden gibt, der Gottes Anerkennung findet und für Ihn annehmbar ist. Ein Mensch kann mit seinem Leben glücklich und zufrieden sein und sich doch keine Gedanken über Gott machen und zur Hölle gehen. Aber wenn Sie gerecht sind, können Sie nicht in die Hölle kommen, weil Sie dann für Gott annehmbar sind. Annehmbar für Gott zu sein, ist das größte Glück, das man je erfahren kann.

Die »Gerechtigkeit Gottes«, von der in Vers 21 die Rede ist, beschreibt nicht etwas, das für Gott Selbst charakteristisch ist, wie die Liebe Gottes oder Seine Heiligkeit. Nein, damit ist eine Gerechtigkeit gemeint, die von Gott gewirkt wurde und zu uns kommt. Sie ist etwas, das Gott uns schenkt. Deshalb ist das Evangelium so eine frohe Botschaft. Es sagt uns nicht, was wir erreichen müssen, sondern was für uns erreicht wurde, und was wir nun als Geschenk von Gott empfangen können. Wenn etwas erreicht werden muss, ist es für einige immer außer Reichweite; aber ein Geschenk, das allen angeboten wird, ist etwas ganz anderes.

OFFENBAR GEMACHT

In Römer 1,17 sagt uns der Apostel, dass diese Gerechtigkeit im Evangelium offenbart worden ist. Das Evangelium ist keine menschliche Idee davon, was Religion sein sollte. Es ist nicht das Resultat jahrhundertelanger Suche nach Gott. Es ist eine Botschaft oder Offenbarung von Gott an sündhafte Menschen mit der Nachricht, dass es eine Antwort auf unser Problem der Sünde gibt. Hier ist die einzige Möglichkeit, die schuldige Sünder für Gott annehmbar machen kann.

Beachten Sie in Vers 21, dass dieses Geschenk Gottes *»außerhalb des Gesetzes«* ist; das heißt, es hat nichts mit unseren Leistungen zu tun. Bei unserer Erlösung geht es nicht darum, eine Reihe von Regeln einzuhalten, sondern sie wird durch Glauben empfangen.

GERECHTFERTIGT

Rechtfertigung durch den Glauben allein ist das Herz des christlichen Evangeliums. Rechtfertigung könnte man folgendermaßen definieren: Rechtfertigung ist das unübertreffliche Werk Gottes, wodurch Er schuldige Sünder für gerecht erklärt, weil die rechtmäßigen Forderungen des Gesetzes für sie erfüllt wurden.

Lassen Sie mich diese Definition im einzelnen erklären:

- *Das unübertreffliche Werk Gottes:* Gott macht alles; der Sünder trägt nichts dazu bei, nur seine Sünde.
- *Ein schuldiger Sünder:* Von Natur aus schuldig, und schuldig durch Taten.
- *Erklärt:* Der Richter verkündet ein rechtsgültiges Urteil.
- *Gerecht:* Gottes Ansprüchen genügen.
- *Für gerecht erklären:* Freispruch!
- *Die Forderungen* des *Gesetzes:* Gottes Gesetz fordert den ewigen Tod für Sünder.
- *Erfüllt:* Rechtmäßig und vollends erfüllt durch den Sühnetod Christi, der für uns am Kreuz büßte.

All das kommt in diesem Text zum Ausdruck. Sie wissen, dass Sie ein Sünder sind, sonst hätten Sie dieses Buch niemals so weit gelesen. Vielleicht empfinden Sie, dass die Verurteilung der Sünde Sie in Stücke reißt und Sie sehnen sich danach, zu wissen, dass sie vollkommen vergeben ist. Dann hören Sie auf das, was Gott uns im Evangelium sagt: Christus hat alles getan, was nötig war, um mit unserer Sünde fertig zu werden. Nehmen Sie das an, und kommen Sie in Buße und Glauben zu Jesus Christus, um errettet zu werden.

Was wir Sünder brauchen, ist die Gerechtigkeit, von der in Römer 3 die Rede ist. Jesaja 61,10 spricht davon, wie Gott uns Kleider des Heils anzieht und uns in ein Gewand der Gerechtigkeit einhüllt. Niemand kann sich diese verdienen oder für sich selbst anfertigen. Sie sind ein Geschenk der Gnade Gottes. Gott Selbst macht uns gerecht! Römer 1,17; 3,22 und Philipper 3,9 sagen uns, dass wir dieses Geschenk erhalten, wenn wir im Glauben dieser Barmherzigkeit Gottes unser Vertrauen schenken. Wir müssen uns darüber im Klaren sein, dass wir nicht durch unseren Glauben gerettet sind. Mein Glaube macht mich nicht annehmbar bei Gott. Nur die Gerechtigkeit Christi, die uns durch den Glauben zuteil wird, kann dies tun. Der Glaube ist nur der Kanal, durch den die Gerechtigkeit Christi zum Sünder kommt.

FRAGEN ZUM NACHDENKEN

- *Was ist das Hauptanliegen des Evangeliums?*
- *Welche Gerechtigkeit meint Paulus in Vers 21?*
- *Was bedeutet Rechtfertigung?*
- *Wie wird uns Gottes Gerechtigkeit zuteil?*

VERSÖHNT MIT GOTT

2. Korinther 5,11-21

So sind wir nun Botschafter für Christus, und zwar so, dass Gott Selbst durch uns ermahnt; so bitten wir nun stellvertretend für Christus: Lasst euch versöhnen mit Gott! Denn Er hat Den, der von keiner Sünde wusste, für uns zur Sünde gemacht, damit wir in Ihm [zur] Gerechtigkeit Gottes würden. (2. Korinther 5,20-21)

Viermal beschreibt Paulus im Neuen Testament das Werk und den Dienst Christi als Versöhnung (Röm. 5,10; Eph. 2,16; Kol. 1,21, und im obigen Text). »Sich versöhnen« bedeutet, eine Feindschaft oder einen Streit zwischen zwei Menschen, die sich uneinig sind, zu beenden, und dass sie von da an in Frieden zusammen leben. Im Neuen Testament sind diese beiden Parteien Gott und die Menschen: Gott, der heilig, sündlos und rein ist; und der Mensch, der unheilig, sündhaft und schuldig ist. Gott und die Menschen brauchen Versöhnung, denn zwischen ihnen steht die schier unüberwindbare Kluft der Sünde.

Nach Römer 5,10 sind Gott und die Menschen Feinde. Wie es in Epheser 2,16 heißt, besteht eine tiefe Feindschaft zwischen ihnen. Kolosser 1,21 sagt, dass sich Gott und Mensch entfremdet haben. Deshalb ist Versöhnung notwendig. Jemand muss die menschliche Sünde beseitigen, die als Ursache der

Feindschaft anzusehen ist. Paulus argumentiert in unserem Text in Vers 18, dass es Gott ist, der die Versöhnung bewirkt, und dies tat Er durch den Herrn Jesus Christus. In 2. Korinther 5 wird die Versöhnung in vier einfachen, aber wichtigen Schritten beschrieben:

1. GOTT RECHNET DEN MENSCHEN IHRE SÜNDE NICHT AN

Wie wir schon einige Male in diesem Buch gesehen haben, haben wir alle gegen Gott gesündigt und Sein Gesetz übertreten. Deshalb verlangt Gottes Gesetz verständlicherweise und völlig zu Recht, dass Sein Urteilsspruch gegen die Sünde ausgeführt wird.

Gott beginnt Sein Versöhnungswerk damit, dass Er uns die Sünde nicht anrechnet (Vers 19). Wir sind für unsere Sünde verantwortlich und sollten die Konsequenzen tragen. Jede Sünde ist wie ein einzelner Posten auf einer Rechnung, und jedes Mal, wenn wir sündigen, wächst die Schuld. Aber in der Versöhnung macht Gott reinen Tisch; Er beseitigt jede auf der Rechnung eingetragene Schuld, so dass wir nichts mehr zu bezahlen haben.

Aber was geschieht mit unseren Sünden? Sind sie einfach vergessen? Nein, das kann Gott nicht. Für Sünden muss gebüßt werden. Die Schuld muss vollständig bezahlt und Gottes heiliges Gesetz erfüllt werden. Wenn Gott uns nun unsere Sünden nicht mehr anrechnet, was macht Er dann damit?

2. GOTT RECHNET UNSERE SÜNDEN CHRISTUS AN

Die erstaunliche Botschaft des Evangeliums ist, dass Gott unsere Sünden Seinem Sohn anrechnet. Er macht Jesus für unsere Sünden verantwortlich (Vers 21). Jesus akzeptiert diese schreckliche Verantwortung gern, und Gott legt die Sünde und Schuld Seines Volkes auf Ihn.

3. CHRISTUS TRÄGT DIE STRAFE, DIE WIR VERDIENT HABEN

Jesus, der nun unsere Sünden trägt, wird von Gott so behandelt, wie wir es verdient hätten (Vers 21). Der ganze Zorn Gottes fällt auf Den, der mit unseren Sünden beladen ans Kreuz genagelt wird. Die Sünde, die uns von Gott trennt, wird rechtsgültig und endgültig verurteilt und hinweggetan.

4. GOTT RECHNET UNS DIE GERECHTIGKEIT CHRISTI AN

Der letzte Schritt der Versöhnung besteht nun darin, dass Gott uns die Gerechtigkeit Seines Sohnes anrechnet, nachdem Gott in Christus unsere Sünde getilgt hat. Wir werden durch Wiedergeburt und Glauben eine neue Schöpfung (Vers 17), und Gott kann uns nun so behandeln, wie Er normalerweise den Herrn Jesus behandelt. Weil unsere Sünde Jesus angerechnet wurde und die Gerechtigkeit Jesu uns angerechnet wurde, ist nun alles Trennende zwischen Gott und den Menschen beseitigt. Deshalb fordert uns Paulus auf: »*Lasst euch versöhnen mit Gott!*« (Vers 20).

Versöhnung ist jetzt möglich! Gott hat es so gemacht. Christus hat alles, was nötig war, erledigt, und Gott wird Sie annehmen, wenn Sie zu Ihm kommen und dabei auf nichts anderes vertrauen als auf das, was der Herr Jesus Christus für Sie getan hat.

FRAGEN ZUM NACHDENKEN

- *Warum ist Versöhnung notwendig?*
- *Was heißt es, dass Gott uns unsere Sünden nicht anrechnet?*
- *Wem werden unsere Sünden angerechnet?*
- *Wie geschieht das?*
- *Was wird uns angerechnet?*

DURCH GNADE

Epheser 2,1-22

Denn aus Gnade seid ihr errettet durch den Glauben, und das nicht aus euch – Gottes Gabe ist es. (Epheser 2,8)

Die immer wiederkehrende Botschaft der Bibel ist die Erlösung allein durch Gnade. Das trifft sowohl auf das Alte als auch auf das Neue Testament zu. Gnade bedeutet: unverdiente Güte Gottes für Sünder, die eigentlich ihrer Taten wegen das Gegenteil verdient hätten. Gott hatte Israel ununterbrochen Gnade erwiesen, ohne welche es ihnen kein bisschen besser als anderen Nationen ergangen wäre.

TOT IN SÜNDEN (VERSE 1-3)

Wenn die ersten drei Verse dieses Abschnittes wahr sind, ist Erlösung nur durch Gottes Gnade möglich. Hier sehen wir die natürliche Situation, in der sich alle Menschen befinden: tot in Übertretungen und Sünde. »Tot« ist ein sehr starker Ausdruck. Es gibt keine verschiedenen Stadien von Tot-Sein. Wenn man tot ist, ist man gänzlich unfähig, etwas zu tun oder seine Situation zu verändern. Wenn Paulus sagt, dass wir in der Sünde tot sind, meint er damit, dass wir unfähig sind, unsere geistliche Situation zu verändern. Wir sind geistlich hilflos und hoffnungslos, und wenn wir gerettet werden sollen, muss Gott es Selbst tun; denn wir können es nicht!

ABER GOTT (VERSE 4-8)

Diese Verse sagen uns, was Gott getan hat, um Sünder zu retten. Es gibt drei wichtige Worte in den Versen 4 und 5: Liebe, Erbarmen und Gnade. Alle drei sprechen von einer Handlung Gottes. Es ist Gottes Liebe, Gottes Erbarmen und Gottes Gnade, die dem verlorenen Sünder Erlösung bringen. Deshalb sagt Paulus in Vers 10, dass ein Christ ein Werk Gottes ist. Er meint damit, dass diejenigen, die glauben, ein Produkt göttlichen Handelns sind.

Der Liebe und dem Erbarmen Gottes entspringt Seine Gnade. Und Gnade ist in diesem Fall keine abstrakte Idee. Gott ist aktiv. Gnade ist, wenn Gott die Unliebsamen liebt, den Schuldigen vergibt und die Verlorenen erlöst. Gnade ist das einzigartige Werk Gottes. Wir haben keine Gnade verdient, denn für die Sünde tragen wir selbst die Verantwortung. Was wir verdient haben, ist die Hölle, aber in Christus empfangen wir Gnade und jeden Segen und Vorteil, der von Ihm kommt. Es ist erstaunlich, dass Menschen an eine Erlösung glauben wollen, die sie durch eigene Anstrengungen erreichen können, wenn Gott uns Seine Gnade so kostenlos anbietet. Warum mühen wir uns ab, wenn wir Gottes vollkommene Erlösung geschenkt bekommen können?

Weil die Errettung durch Gnade geschieht, ist sie vollkommen. Damit meinen wir, dass Gott so erlöst, dass man nie wieder verloren gehen kann. Beachten Sie in Vers 7, wie Paulus von »kommenden Weltzeiten« spricht. Erlösung durch Gnade ist eine ewige Erlösung. Sie ist vom Verdienst Christi abhängig, nicht von unserem eigenen. Deshalb verliert sie nie ihre Kraft.

Wie können wir Gottes Gnade empfangen? Durch den Glauben, sagt Vers 8. Beachten Sie, dass Paulus in Vers 9 fortfährt und nochmals betont, dass Erlösung nicht durch Werke geschieht und somit nicht das Resultat unserer eigenen Anstrengungen ist. Der Glaube ist also nicht ein gutes Werk, das wir tun. Er ist ein Geschenk Gottes. Glaube ist kein vager Optimismus und sicherlich auch kein leeres Selbstvertrauen. Glaube schaut auf das, was Gott getan hat. Er schaut mit Verwunderung und Staunen aufs Kreuz und kann kaum glauben, was dort geschah. Er fragt:

Ist's wirklich wahr, dass mir zugut
der Heiland starb, der ich Sein Feind,
dass auch für mich heut' spricht Sein Blut?
Ist's wahr, hat Er auch mich gemeint?
Große Lieb', wie fass Ich Dich,
dass Du, mein Gott, starbst auch für mich?

So spricht ein Glaube, der sich auf die das Erbarmen und die Gnade Gottes verlässt. Der einzige

Grund dafür, dass es Glauben gibt, ist die Gnade Gottes. Die Gnade Gottes ist das Einzige, an das es sich zu glauben lohnt. Der Glaube hält sich daran fest, dass das, was Jesus an unserer Stelle am Kreuz getan hat, ausreicht, um Gott zu genügen. Der Glaube vertraut auf Gott und wendet sich zur Rettung der eigenen Seele an Jesus.

FOLGLICH (VERSE 19-22)

Aufgrund der erlösenden Gnade ist der Sünder, der seine Sünde aufrichtig bereut, nicht mehr länger das, was er in den Versen 1-3 war. Eine große Veränderung hat stattgefunden, und er ist nun ein Kind Gottes. Diese Verse beschreiben, was jeder Gläubige in Christus hat. Dies ist es, wozu wir erlöst wurden. Wir sind von der Macht und den Folgen der Sünde erlöst und haben jetzt das Vorrecht, Gott zu kennen und uns an Ihm zu erfreuen.

FRAGEN ZUM NACHDENKEN

- *Was betonen die ersten drei Verse von Epheser 2?*
- *Was macht diese Diagnose unseres Zustandes zwangsläufig notwendig?*
- *Was ist Gnade Gottes?*
- *Wie reagiert der Glaube auf Gottes Gnade?*

FÜR DEN HIMMEL BERECHTIGT

Kolosser 1,1-14

... indem ihr dem Vater Dank sagt, der uns tüchtig gemacht hat, teilzuhaben am Erbe der Heiligen im Licht. (Kolosser 1,12)

Wir kennen alle die Notwendigkeit von Qualifikationen. Wir ermutigen unsere Kinder, in der Schule fleißig zu sein und ihre Prüfungen zu bestehen, weil wir wissen, dass es ohne akademische Qualifikationen schwierig sein wird, eine gute Stelle zu bekommen. Wir akzeptieren das als eine Realität im Leben hier und jetzt in dieser Welt. Aber im obigen Text zeigt uns Paulus, welche Qualifikationen in bezug auf das zukünftige Leben im Himmel notwendig sind: »*... indem ihr dem Vater Dank sagt, der uns tüchtig gemacht hat, teilzuhaben am Erbe der Heiligen im Licht.*«

Um einen Platz im Himmel zu bekommen, müssen wir gewisse Merkmale aufweisen, die aber weder intellektueller noch akademischer Natur sind. Sie sind nicht einmal moralischer oder religiöser Art und genauso wenig Qualifikationen, die wir aus eigener Anstrengung erreichen können. Nur Gott, der Vater, kann uns für den Himmel »qualifizieren«. Wie macht Er das? Damit jemand für den Himmel qualifiziert ist, sind zwei Dinge notwendig: Seine Sünde muss beseitigt werden, und seine

Stellung bzw. sein Stand vor Gott muss verändert werden.

DIE SÜNDE MUSS BESEITIGT WERDEN (VERS 14)

Die natürliche Situation des Menschen ist die, dass er ein Sklave der Sünde ist. Geistlich gesprochen heißt das, dass der Mensch alles andere als frei ist. Die Ketten, die ihn fesseln, sind nicht aus Stahl, sondern aus etwas viel Stärkerem. Es sind die Ketten einer verkommenen Natur, die es für unmöglich hält, sich Gott unterzuordnen. Es sind Ketten eines getäuschten Verstandes, der meint, frei zu sein, und dabei seine wahre Situation nicht erkennt.

Erlösung ist das Handeln Gottes, durch welches Er einen Sünder befreit. Gott befreit durch die Bezahlung eines Lösegeldes. Das Neue Testament erklärt uns immer wieder, dass das Lösegeld das Blut Christi ist (1.Petr. 1,18-19). Das Wort »Blut« weist im Neuen Testament immer auf den Tod Christi am Kreuz hin. Wie wir gesehen haben, hat Jesus mit Seinem Tod die Strafe bezahlt, die wir durch unsere Sünden dem heiligen Gesetz Gottes schuldig waren – und zwar für alle Übertretungen des Gesetzes, die wir begangen haben. Jesus hat die Strafe in vollem Umfang bezahlt, und als Resultat dieser Bezahlung gibt es für Sünder eine volle und kostenlose Vergebung. Es ist das und nur das, was uns für den Himmel berechtigen kann.

DIE STELLUNG VOR GOTT VERÄNDERN (VERS 13)

Ein Ziel der erlösenden Gnade Gottes ist es, den Sünder aus dem Reich der (geistlichen) Dunkelheit herauszunehmen und ihn in das Reich Seines Sohnes zu bringen. Diese Gnadentat verändert unsere Stellung vor Gott: Anstatt Feinde zu sein, werden wir Kinder, und als Kinder Gottes sind wir für den Himmel qualifiziert.

Beachten Sie, wie Paulus das Wort »befreit« benutzt, um diese Tat Gottes zu beschreiben. Der befreite Sünder wird ein Bürger des neuen Reiches; das heißt in dem Moment, in dem er erlöst ist, wird er ein Himmelsbürger. Er ist sofort für den Himmel befähigt. Der Himmel ist ihm von dem Moment an garantiert.

Die Bibel erlkärt auch, dass wir bei der Erlösung Mitglieder der Familie Gottes werden und mit Christus alle Reichtümer Gottes erben. Wie wäre es, wenn Sie von einem Millionär adoptiert würden? Denken Sie an all die Möglichkeiten, die Sie dann hätten. Sie hätten keine Geldsorgen mehr, und es gäbe noch viele andere Annehmlichkeiten. Es ist ziemlich unwahrscheinlich, dass das geschehen wird; aber es gibt etwas viel Besseres, eine andere einzigartige Möglichkeit: Sie lassen sich von Gott adoptieren. Denken Sie einmal darüber nach, was das bedeutet: Sie sind von Gott angenommen, alle Ihre Sünde vergeben, und ein Platz im Himmel ist Ihnen garantiert. Das ist es, was Gottes Erlösung Sündern schenkt.

Sind Sie erlöst? Wie bekamen die Kolosser, welchen Paulus diese Verse schrieb, Erlösung? Zuerst hörten sie das Evangelium (Verse 5-6). Sie haben es in diesem Buch »gehört«. Was machen Sie nun mit diesem Evangelium? Das einzig Vernünftige, was Sie tun können ist es anzunehmen und sich in Buße und Glauben zu Gott zu wenden. Bitten Sie Ihn, Sie zu erlösen und Sie dadurch für eine Ewigkeit im Himmel zu berechtigen.

FRAGEN ZUM NACHDENKEN

- *Welche Eigenschaften sind notwendig, damit wir einen Platz im Himmel bekommen?*
- *Wer befreit uns?*
- *Wie befreit Er uns?*
- *Was verändert sich in dem Moment, da ich an Jesus Christus glaube?*
- *Was bedeutet es für Sie, von Gott angenommen zu sein?*

EIN PERSÖNLICHES ZEUGNIS

Matthäus 9,1-13

(Jesus spricht zu den Pharisäern:) Ich bin nicht gekommen, Gerechte zu berufen, sondern Sünder zur Buße. (Matthäus 9,13)

In unserem Abschnitt liefert uns der Apostel Matthäus ein persönliches Zeugnis davon, wie er ein Nachfolger Jesu wurde. Wie eine Person zum Glauben kommt, ist eine sehr persönliche und wertvolle Sache. Es ist eine einmalige Erfahrung im Leben, unwiederholbar, und zweifellos das wichtigste und prägendste Ereignis, das einer Person widerfahren kann.

So, wie uns Matthäus dieses Stück Autobiographie schildert, ist die Einfachheit des ganzen Ereignisses äußerst verblüffend. Wir haben die Tendenz, Bekehrungen kompliziert und verworren darzustellen, wenn es in der Tat eigentlich nur darauf hinausläuft, dass Jesus sagt: *»Folge Mir nach!«*, und der Sünder diesem Ruf gehorcht. Obwohl dies so einfach ist, ist es nichtsdestoweniger ein Wunder der Gnade Gottes.

»FOLGE MIR NACH!«

Beachten Sie, was diesem Ruf Jesu an Matthäus vorangeht. In den Versen 1-8 berichtet er uns von einer Heilung, und dann scheint es fast so, als ob der Apostel sagte: »Als nächstes will ich euch ein anderes Wunder erzählen, ein noch größeres. Ich will euch erzählen, wie einem Menschen, der tot war in seinen Sünden, die Sünden vergeben wurden und er neues Leben empfing.« Jede Hinwendung eines Sünders zu Christus ist ein Wunder, ein Wunder der Gnade. Nur Gott kann dieses Wunder tun. Aber deshalb gibt es auch für alle Hoffnung. Wenn Matthäus gerettet werden konnte, dann auch Sie.

Hören Sie an dieser Stelle für einen Moment auf weiterzulesen und beten Sie zum Herrn, der die ganze Zeit, da Sie dieses Buch gelesen haben, zu Ihrer Seele gesprochen hat; denn Er möchte auch Sie in die Nachfolge rufen wie Matthäus.

Matthäus war ein Zolleinnehmer. Allgemein wurde dies als ein Beruf für Diebe und unehrliche Männer angesehen, denn es gab Raum für allerlei Missbräuche. Wenn wir also in Vers 9 lesen, dass Jesus Matthäus sah, dann bedeutet dies, dass Er sah, wie Matthäus war – sein Herz und sein Leben. Nichts war dem Erlöser verborgen. Er sah ein Herz, das tief in Sünde steckte. Er sah alle unlauteren Tricks, die Matthäus je benutzt hatte. Jesus sah einen Menschen, der Gott gegenüber immun war und überhaupt nicht am Glauben oder der Religion interessiert war. Als Jesus Matthäus sah, sah Er den wirklichen Matthäus und liebte ihn und sagte: *»Folge Mir nach!«*

Gibt Ihnen das nicht Hoffnung? Wir haben gesehen, wie Gott an ehrbaren, religiösen Menschen wie Kornelius interessiert war und sie liebte; aber hier in diesem Zolleinnehmer haben wir das ganze Gegenteil eines Kornelius. Ihre Sünde ist also kein Hindernis, Christ zu werden. Jesus sagt in Vers 13: *»Ich bin nicht gekommen, Gerechte zu berufen, sondern Sünder zur Buße.«* Die Gnade Gottes ist stärker als Ihre Sünde.

»FOLGE DU MIR NACH!«

Jesus sprach zu Matthäus. Er sagte ihm, ja befahl ihm: *»Folge Mir nach!«* Jede Bekehrung hat Elemente, die speziell für die betroffene Person gelten; aber alle Bekehrungen haben dies gemeinsam: Jesus ruft Sünder zu sich. In Seinem Wort spricht Christus durch Seinen Heiligen Geist zu uns. Heute spricht Er nicht hörbar, wie Er es mit Matthäus tat; aber Er spricht zu unseren Herzen, Gedanken und Gewissen. Er überzeugt uns, dass wir Sünder sind, und zeigt uns, dass wir Jesus Christus brauchen. Wieso lesen Sie ein Buch wie dieses, wenn der Glaube noch vor einem Jahr das Letzte gewesen wäre, das Sie interessiert hätte? Spricht Jesus nicht zu Ihnen?

Wenn Jesus zu uns spricht, dann sagt Er: *»Folge Mir nach!«*, d. h.: »Verlasse deine Sünde, tue Buße und komm zu Mir, um Vergebung und ein neues Leben zu empfangen!« Wie werden Sie auf ein solches Angebot antworten? Matthäus stand einfach auf und folgte Jesus nach. Genau das müssen auch

Sie tun. Möchten Sie gerettet werden? Denken Sie ernsthaft darüber nach? Sehen Sie die Erlösung als das Wichtigste in Ihrem Leben an? Wenn dem so ist, dann spricht Christus bereits zu Ihnen.

Der Glaube kommt vom Hören, und Sie haben gehört. Wenn Sie an das glauben, was Gott in den Bibeltexten sagt, die wir angeschaut haben, dann tun Sie etwas! Tun Sie das einzig Vernünftige, was Sie tun können: Wenden Sie sich im Gebet an Gott, bekennen Sie Ihre Sünden, und bitten Sie Ihn um Erlösung, und folgen Sie Jesus nach!

GERETTET!

1976 wurde ein Flugzeug mit 244 Passagieren von arabischen Terroristen entführt. Es wurde gezwungen, nach Entebbe in Uganda zu fliegen, wo die jüdischen Passagiere von den übrigen getrennt und mit dem Tode bedroht wurden, falls die israelische Regierung die Forderungen der Terroristen nicht erfüllte.

Israel entschied sich, diese Leute zu retten. Unter strenger Geheimhaltung wurde ein Befreiungsplan erstellt. Die Notwendigkeit der Geheimhaltung war offensichtlich: Die Terroristen sollten vom Befreiungsplan keinen Wind bekommen, sonst würden sie die Pläne vereiteln.

Gott macht es ganz anders. Er sagte es allen, als Er sich dazu entschied, Sein Volk zu retten. Einige tausend Jahre vor dem Kommen Jesu sagte Er, dass der Nachkomme Evas die Menschen aus der Gefangenschaft der Sünde befreien würde und aus den Händen des »bewaffneten Starken«, wie Jesus Satan nannte. Über Jahrhunderte hinweg verkündete Gott, dass derselbe Erlöser aus der Familie Davids kommen und in Bethlehem geboren werde. Durch nicht wenige Prophezeiungen im Alten Testament gab Gott sogar schon Details Seines Erlösungsplans bekannt. Weshalb hat Er das getan? Es gibt verschiedene Gründe dafür, und wir müssen hier nicht näher darauf eingehen. Vor allem aber zeigt dies das

Vertrauen, das Gott in Seinen Erlöser und den Erlösungsplan hatte.

Als der Erlöser dann in diese Welt kam, sandte Gott eine Engelschar, um Sein Kommen anzukündigen, und setzte einen besonderen Stern an den Himmel, um es anzuzeigen. Und befreit werden wir nicht durch den Einsatz einer schwerbewaffneten Kommandoeinheit, sondern durch ein Baby.

Vielleicht hatte Gottes Widersacher, Satan, gedacht, es wäre ihm ein Leichtes, sich dieses Babys zu entledigen, um Gott einen Strich durch die Rechnung zu machen. Aber weit gefehlt. Er konnte das Baby nicht töten. Dreißig Jahre folgten auf Seine Geburt, während denen nichts geschah. Aber Satan hatte bestimmt immer ein Auge auf Nazareth. Zweifellos veranlasste er seine Spione, ihn immer auf dem Laufenden zu halten und ihm zu melden, falls der Erlöser auf einmal etwas zu tun versuchte.

Plötzlich begann Jesus zu predigen und die Kranken zu heilen. Alarmglocken schlugen im Reich der Finsternis Alarm. »Alarmstufe rot!«, schrie Satan. »Gottes Rettungsaktion läuft an!« Jesus aufzuhalten war nun Satans einziges Ziel. Die Versuchung in der Wüste war Teil seines Plans, Gottes Rettungsplan zum Scheitern zu bringen. Schließlich fuhr er in Judas Ischariot, und Jesus wurde verraten.

»Kreuzige, kreuzige Ihn!« Satan glaubte zweifellos, dass dies nun das Ende für Gottes Rettungsplan bedeute. Aber da hatte er sich gewaltig geirrt!

Ja, auferstanden ist Jesus, mein Heiland,
das Gotteslamm – trotz Satans Macht und List!
Jesus, mein Heiland, lebt,
und die ganze finstre Höllenmacht erbebt!
Hört's in allen Landen: Jesus, Gottes Sohn,
trug in Todesbanden Selbst den Sieg davon!
Auferstanden ist Er, Jesus lebt!
Halleluja, Jesus lebt!

Über Jahrhunderte hatte der »*Starke bewaffnet*« sein Herrschaftsgebiet in Ruhe verwalten können; aber nun kam Einer, der stärker war als er (Lk. 11,21-22). Jesus rettete Sein Volk. Er bezahlte, was Sie schuldig waren. Er brach die Macht der Sünde in Ihrem Leben. Er zerstörte die Herrschaftsgewalt des Teufels.

SIND SIE GERETTET?

Sind sie gerettet? Sind sie erlöst?

Vor einigen Jahren habe ich an einem Erholungsort am Meer Urlaub gemacht, und wir verfolgten eine Rettungsaktion. Draußen in der Bucht hatte der Motor eines Fischerbootes eine Panne. Es trieb unaufhörlich auf einen Felsen zu. Als wir gebannt zuschauten, sahen wir zwei rote Leuchtsignale, die von dem in Seenot geratenen Boot kamen. Sie hatten ihre Notlage und die drohende Gefahr erkannt. Aber sie hatten keine Kraft und konnten nichts tun, um sich selbst zu retten. Die Leuchtsignale sagten: »Kommt und befreit uns!«

Bald darauf eilten zwei andere Boote über die Bucht zu dem treibenden Boot. Sie warfen Rettungsseile hinüber, zogen das manövrierunfähige Boot von den Felsen weg und befestigten es dann im sicheren Hafen.

Haben Sie Ihre Notlage erkannt? Auch Sie müssen gerettet werden. Ihre Sünde wird Sie auf den Felsen der göttlichen Gerechtigkeit zutreiben und in das Verderben. Sie können nichts tun, um sich selbst zu retten. Senden Sie deshalb ein Leuchtsignal! Rufen Sie jetzt zu Gott, dass Er Sie rettet!

UNSERE BUCHEMPFEHLUNG

Peter Masters

GOTTES RETTUNGSPLAN

Die Phasen einer Bekehrung

In dieser Broschüre erklärt Peter Masters, wie ein Sünder errettet wird. Als erstes muss der Mensch das Evangelium, den kostbaren Samen des Wortes Gottes, empfangen. Der Heilige Geist überführt dann den Sünder, so dass er zur Sündenerkenntnis kommt. Der Mensch, der zur Erkenntnis seiner Schuld und Unreinheit vor Gott gelangt, den führt der Herr zu bereitwilliger Buße und zum Glauben an den Herrn Jesus Christus. Die unmittelbare Folge echter Buße und des Glaubens ist die Rechtfertigung und das Bewusstsein einer neuen Geburt, die zur Heilsgewissheit führen.

Besonders geeignet für Suchende nach Gewissheit ihrer Errettung sowie Prediger, die als Werkzeuge zum Seelengewinnen eine entscheidende Rolle spielen, aber auch für Pastoren und Gemeindeleiter, die das biblische Modell der Bekehrung verstehen sollten.

Art.Nr.: 875.373 · DIN A5-Heft · 24 Seiten · Voice of Hope Verlag

Christlicher Verlag
Voice of Hope

Bestellanschrift:

Eckenhagener Str. 43
51580 Reichshof-Mittelagger
Deutschland

Tel: (+49) 02265-99 749 22
E-Mail: verlag@voiceofhope.de
www.voiceofhope-shop.de

John Bunyan

GNADE IM ÜBERFLUSS

Autobiografie John Bunyans

John Bunyan (1628-1688) zeigt in seiner Autobiografie, wie ergreifend Gottes Erbarmen in Jesus Christus in allen Lebenslagen gegenwärtig ist. Er macht besonders deutlich, welche Mühe die Sünde mit sich bringt, und mit welchen Anfechtungen er zu kämpfen hatte. Bunyan erlebt kein fröhliches Wohlfühlchristsein«. Sein Glaube ist geprägt von inneren Kämpfen, von Zweifeln, Versuchungen und Verlusten. Sein Kompass ist dabei immer das Wort Gottes, sein Halt ist die Gnade Gottes.

In diesem Taschenbuch wird die vereinfachte Version von Bunyans Biografie neben schönen, farbigen Illustrationen nacherzählt. Das Buch soll insbesondere jüngere Leser ermutigen, in der Gnade und Erkenntnis Jesu zu wachsen und zu fruchtbaren Dienern Gottes heranzureifen.

Art.Nr.: 875.341 · Hardcover klein · 119 Seiten · Voice of Hope Verlag